LAS EMOCIONES
QUE NOS ENFERMAN

Dr. Arturo Eduardo Agüero

LAS EMOCIONES QUE NOS ENFERMAN

Trastornos psicosomáticos y autodestrucción

Eduardo Arturo Agüero
Coordinado por Tomás Lambré
Compaginación: Víctor Igual

© Editorial Del Nuevo Extremo, S.A., 2010
© de la presente edición, Rba libros, S.A. 2011
Diagonal 189, 08018 Barcelona
www.rbalibros.com/ rba-libros@rba.es

Primera edición: Enero 2011

Ref. RPRA001
ISBN : 978 84 9298 133-5
Depósito legal : B-46.275-2010
Impreso en Liberdúplex

Índice

Escala
Escalera
Escuela
Esqueleto

Escala y escalera, para el aprendizaje.

Escuela de una implacable sabiduría.

O tan sólo estructura y soporte de un brevísimo tiempo de vida.

A través de estos cuatro tiempos, el hombre advierte que lo que no pueda resolver desde la autoconciencia, el cuerpo lo hablará primero con síntomas que son gestos y luego con enfermedades.

La enfermedad es un profundo, enorme discurso de nuestro cuerpo, que —entre el silencio de la concepción y el silencio de la muerte— no cesa de hablar incansablemente buscando el equilibrio.

La palabra, que es sonido, que es sistema, que es signo, es también información acústica que nos trae con ella el **desde dónde** nace y el **qué** la hace nacer.

Las palabras traen remanencias de los sentimientos que las han engendrado y siempre revelan, **nos revelan**. Y a veces **se rebelan** contra nosotros que las pronunciamos.

Sin la palabra no hay fundación del ser.

Al llegar a la vida, al mundo, está el grito-palabra. Y al morir, la muerte es lo que es porque, al robarnos de pronto todas las palabras, nos torna invisibles.

Rocío Domínguez Morillo

A Esther A. y a Jorge R. G. in memoriam, *porque, al alejarse por sorpresa, dejaron vacío un tiempo de proyectos, sueños y esperanzas. En estas páginas surgen algunos de los diálogos que sostuvimos y muchas de las respuestas que logramos. Junto a su inolvidable recuerdo, extiendo la renovada esperanza para todos los que sufren enfermándose.*

AGRADECIMIENTOS

No es posible que pueda nombrar a todos los que debo mi agradecimiento. Fueron tantos en muchos años que llenarían un gran salón.

Pero, en el reconocimiento de una deuda íntima del saber, encuentro en un primer y ahora lejano escalón a mis profesores de la Residencia en Psiquiatría, donde se cumplió mi verdadera formación. Entre ellos quiero destacar a Marcelo Muntaabski, excelente psicoanalista y ejemplar docente; mis compañeros de residencia, médicos y psicólogos, han de recordar como yo sus clases, su pasión por la enseñanza, su entrega y todo lo que desde sus controles y supervisiones nos llevamos. Ya en la Sala de Guardia del Neuropsiquiátrico, a su jefe, Rodolfo Fazio, que mostraba aquella psiquiatría clásica no exenta de una semiología siempre atinada a la hora de precisar y definir los cuadros psíquicos. En mi tránsito (y escapadas) de la Residencia a Consultorios Externos, a su jefe, Héctor O. Fontanarossa, un polémico y vibrante maestro, que me enseñó a no confiar ciegamente en los diagnósticos y a poner en juego mi propia visión; tal vez este libro haya tomado de él esa postura controvertida. Nunca olvidaré que, a mi regreso de una frustrante y dolorosa experiencia como director de un hospital nacional, el doctor Fontanarossa me brindó su amistad y me abrió las puertas de su Servicio; por esto mi gratitud hacia su persona será eterna.

En otro escalón, a mis primeros terapeutas, Guillermo Figueras y Gervasio Paz, uno en lo individual y el otro en lo grupal, por la inteligencia y aplomo para conducir una mente inquieta, y luego a Elsa Beatriz Pan, por el rigor conceptual, la capacidad de análisis y la valentía en adentrarse en mi mundo interior.

Ya no tan lejano, mi agradecimiento me lleva a Guillermo Maci, con su solidez y certeza en sus análisis y sobre todo en la creación, desarrollo y enseñanza de su Instituto de Investigaciones en Psicoanálisis (IDIEP), una formidable escuela donde los que asistimos incorporamos los conocimientos expuestos por su valioso cuerpo docente.

De ese cuerpo docente tuve como guía invalorable a la licenciada en Filosofía Esther Cohen. Durante varios años —unos cuantos— aprendí, de modo individual y bajo su guía, el trabajo de búsqueda y ordenamiento de una difícil Metodología de la Investigación y, a la vez, la pasión por una filosofía dispuesta a revisar de continuo el pensamiento y lo pensado, a desmoldar creencias. Mi reconocimiento hacia su labor y hacia mi formación en este campo es muy grande. Por su enseñanza se amplió el horizonte de mis conceptos en lo psíquico, y pude así ver muchos caminos por los que fui y voy transitando. Este libro también es producto de ese aprendizaje con Esther Cohen, pero hoy no cuento con sus zapatos para caminar ni con su inteligencia para revisar lo que escribo, y una fugaz incertidumbre me lleva a preguntarme: ¿será verdaderamente éste el camino por el que debo andar? ¿Aprobaría esto Esther, o simplemente diría al leerme: «No es lo que yo propuse y enseñé»? En fin. Ya estoy aquí. Ella me enseñó a trabajar con la filosofía a mi diestra y así escribo estas páginas, ahora sin su tutela.

Por medio de Esther llegué a la Sociedad Filosófica de Buenos Aires (SOFIBA), donde pude escuchar voces y corrientes de una filosofía que ejerce presión sobre una sociedad adormecida. Compartir con sus integrantes años de ateneos y presentaciones me dio el empuje necesario para no desistir de ninguna empresa. La profesora Blanca Parfait, ejemplar docente de la carrera de Filosofía, desde su cátedra de Fundamentos supo entregar a sus alumnos, de manera clara y sencilla, el pensamiento de los grandes maestros del quehacer filosófico.

En un terreno más personal, intercalo unas líneas para mencionar la nobleza y generosidad de Ana y Arnoldo Pasik y de Ernesto Mata, cuya ayuda fue de enorme importancia para la existencia de este libro. Hace poco, Ernesto perdió la vida en defensa de su familia al ser asaltado; su recuerdo, lleno de su temple y nobleza, sigue aquí, en cada una de estas páginas. Por fin, en este campo de lo personal dos nombres han sellado un invalorable reconocimiento: Carlos y Pía Landin. La actitud que mantuvieron me permitió sortear los períodos más difíciles de mi actividad profesional, pero el gesto de altruismo que sostuvieron se extendió para que este libro y el largo tiempo empleado en él no cayeran en el vacío. Estas páginas les pertenecen.

Abro aquí el tramo del agradecimiento a mis pacientes, esos seres humanos que desde el comienzo y durante largo tiempo me fueron mostrando en los diálogos cómo sucedían y se organizaban los procesos de la enfermedad corporal. Los llevo conmigo. A mi lado, junto con las anotaciones que realizo durante las entrevistas, tengo sus nombres. Entre tantos, hay cuatro que producen de manera inevitable una resonancia particular: Esther A., Jorge R. G., Gerardo R. y Pía I.

Los dos primeros me han dejado los más impactantes recuerdos. Por la energía que sus vidas sostuvieron y la lucha que emprendieron contra la enfermedad, existe este libro. Sin ellos, estas páginas hubieran sido sólo apuntes de sesiones acumulados sobre una mesa. Todo este libro es un reconocimiento a su lucha y a su amor por la vida; al motor que ellos encendieron para que otros, como dijo Esther A., puedan «darle la vuelta al destino».

De los dos últimos, Gerardo sigue batallando con su enfermedad renal; sus logros han sido notables y los resultados de sus análisis clínicos ya se acercan a las cifras normales, lo que prueba que sus riñones, o más exactamente todo su organismo, han mejorado. Hizo «bien los deberes», como él mismo dijo, y ha sido formidable y valioso el empuje que desarrolló definiendo con claridad sus pasos para alejar la enfermedad. Seguro que la derrotará.

Pía, sin padecer enfermedad orgánica alguna, sino sólo con ciertos temores de padecerla, ha realizado una tarea de tanta extensión como paciencia, sensibilidad e inteligencia, que la ha llevado a desentrañar desde su interior los elementos urticantes o inquietantes que podrían exponer y predisponer su cuerpo al paso de «tormentas». Sus preguntas e intervenciones, llenas de una sutil expresividad y sabiduría, me han obligado a extender las líneas de mi conocimiento del cuerpo y del enfermar hacia los límites que este libro procura explorar en sus páginas.

Casi al final, sería injusto si omitiera a las personas que han contribuido de manera práctica y concreta a que este libro vea la luz. Merecen mi especial gratitud Vicky y Majo —así llamo a María Victoria Agüero y a María José Treppo Agüero—, hijas preciadas por el calor afectivo que me han brindado en esta tarea, y a las que vi crecer tanto que han sobrepasado mis cálculos. Mi hijo Ramiro Agüero, por su parte, aportó acertadas observaciones basadas en su actividad creativa, que me llevaron a cambiar el modo de exponer los temas. Va para los tres, con estas palabras, mi emocionado reconocimiento.

En el prólogo, la profesora Rocío Domínguez Morillo, autora de dos fantásticos libros de arte, logró acercar a la enfermedad y a las palabras sus vastos conocimientos sobre la pintura, quizá como fruto de la profunda y sincera amistad que nos une desde hace años.

Agradezco, por último, el constante estímulo que recibí de Aurora Giribaldi, que en su trabajo de edición sobre mis originales entregó, además de su experiencia en el oficio, su ineludible compromiso con mi obra. Con este libro que, como Aurora insiste en señalar, ya no es exclusivamente mío: pertenece, también, a los lectores.

Palabras iniciales

Hace unos cuantos años, con un amigo y compañero de guardias al que apodábamos humorísticamente «el Cura», recorríamos los viejos pabellones de un hospital psiquiátrico con una consigna un tanto singular: encontrar, en las historias clínicas de los pacientes internados, el cáncer. Al menos algún cáncer.

Ahora que vuelvo mi mirada hacia esos años, nos veo como noveles detectives que buscaban la pista para descifrar un enigma. Intentábamos confirmar una premisa un tanto desafiante que el propio «Cura», una lluviosa tarde de mayo, me había revelado: «El cáncer es un suicidio a nivel celular». «¿Y eso? —le pregunté—. ¿Qué quieres decir con eso?» «Muy simple. Aquí los enfermos, en cierto modo, están suicidados mentalmente... entonces en ellos no existe el cáncer.»

De golpe me vi asediado por esta frase, que todavía tengo frente a mí. Después, nuestros caminos se separaron y seguí solo con la tarea y la inquietud que en un comienzo compartimos.

Empecé por enfocar las enfermedades mentales más serias —esquizofrenia, demencia, psicosis maníaco-depresiva, trastornos bipolares— y comprobé que, en su mayoría, quienes las sufrían no padecían cáncer ni otras enfermedades orgánicas graves; cuando lo hacían era porque habían mejorado notablemente de su enfermedad mental. Más tarde entendí que esto no es una regla fija y terminante. Es sólo una tendencia que tienen los enfermos mentales a no padecer cáncer. Una llamativa y persistente tendencia.

Después pasé de aquellas enfermedades psicológicamente destructivas a las más leves, como las neurosis, que son las que en una u otra medida aquejan a casi todos los seres «normales». Enseguida me topé con las enfermedades que la medicina llama psicosomáticas y con otras que deja fuera de ese rótulo porque no las considera de origen psíquico, sino puramente orgánicas: la diabetes, la hipertensión, la artritis reumatoidea y el propio cáncer, por nombrar sólo algunas.

En las salas de varios hospitales y del antiguo sanatorio Güemes mantuve contacto con pacientes afectados por enfermedades clínicas (no mentales) de todo tipo. Les hice preguntas sobre su enfermedad orgánica y me interesé por su vida, sus proyectos, sus esperanzas, sus sueños... Así fui construyendo y recopilando historias.

Además, leí con cierta avidez lo que reconocidos investigadores en esta rama de la medicina y de la psiquiatría han publicado sobre las enfermedades psicosomáticas. Procuré —como seguramente antes lo hicieron ellos— desmenuzar sus teorías, comprobarlas y dar, con este libro, un paso más allá.

Suicidio y autodestrucción

Mientras transitaba por ese paisaje hospitalario-sanatorial poblado de enfermedades y de enfermos —y de muertos por esas enfermedades—, siempre tuve presentes las palabras de mi amigo «el Cura». Y, al estudiar los caminos que llevan a la muerte física y a la parálisis y destrucción de órganos y procesos vitales, estudié, asimismo, las similitudes y diferencias entre el suicidio y la autodestrucción.

Si con el propósito de distinguirlos hubiese que poner de relieve una sola particularidad de cada uno, habría que ubicar el suicidio —el hecho de darse muerte por mano propia— en el campo de una modalidad predominantemente consciente. Esto no significa dejar de lado el gran componente de lo inconsciente que subyace en todo actuar consciente. Pero sí que en el suicidio «típico» prevalece la vertiente consciente.

De la autodestrucción, en cambio, podríamos decir que es un proceso que se desarrolla en la vertiente inconsciente y que, además, afecta al cuerpo humano de diversas formas, desde alteraciones leves en la piel y algunos tejidos, hasta tumores graves en ciertos órganos.

Esta cuestión de lo inconsciente como causa llevó a que se diera la denominación de «psicosomáticas» a aquellas enfermedades del cuerpo en que se presumía que lo psíquico contribuía principalmente a su producción. Por las razones antedichas y por otras que expondré más adelante, sostengo que es más acertado llamarlas enfermedades «por autodestrucción».

Esas afecciones se han conocido desde sus comienzos como psicosomáticas. No pretendo cambiar ahora ese nombre por este nuevo de enfermedades por autodestrucción. Esto será, sin duda, motivo de un largo debate en el tiempo, y está lejos de mi intención abrir desde estas páginas una polémica en torno a estos conceptos. Ya lo he hecho en otro contexto. Aquí tan sólo quiero presentar lo que he explorado desde aquella tarde otoñal. No obstante, señalo que el clásico nombre de «psicosomáticas» lleva a pensar que la enfermedad se inicia en lo psíquico y luego se traslada a lo somático, lo que no es exacto, ya que el organismo humano es esencialmente uno; algo que, aunque parezca obvio, no está de más reiterar.

Para mayor claridad diré que el término «**autodestrucción**» define **la tendencia de un proceso —pocas veces claro y casi siempre inconsciente— general de todo el organismo, que produce en células, tejidos, órganos y cuerpo un cambio por el que se va destruyendo su propia organización.**

No sé si alguien podría suscribir hoy lo que declaraba mi amigo «el Cura»: «El cáncer es un suicidio a nivel celular». No estoy afirmando que el cáncer tenga un origen determinado y que este origen sea necesariamente psicológico o anímico. El cáncer es una reacción celular y orgánica frente a diversos factores. Y un grupo de esos factores tiene que ver con el tema de este libro. Las historias de pacientes que han padecido esa pesada y seria enfermedad me han inclinado a pensar que, en un buen número de casos, detrás de ella se esconde un grueso componente psicológico.

El mismo componente se encuentra en enfermedades crónicas como la artritis reumatoidea, la tiroiditis, el lupus eritematoso, algunas diabetes mellitus y otras afecciones tanto inflamatorias como degenerativas. A éstas la medicina les ha puesto el nombre de enfermedades por autoinmunidad. Cada vez hay más enfermedades por autoinmunidad, y cada vez estoy más convencido de que esta autoinmunidad tiene un alto ingrediente psicológico o emocional.

MOSTRAR EL CAMINO

Desde mi ventana me parece ver la misma lluvia de ese otoño. Sólo que antes esa lluvia me traía, junto con aquella frase sobre el cáncer, un raudal de preguntas. Hoy me acerca algunas respuestas que son las que quiero expresar, y no a los entendidos, porque los entendidos no entienden.

Hay enfermedades distintas, diferentes. Están en los hospitales, en los sanatorios y, también, en muchos hogares. Este libro es un intento de explicar, de un modo comprensible incluso para los que no poseen conocimientos específicos, cómo se produce una enfermedad orgánica.

No es un tema fácil de exponer. Sin embargo, trataré de hacerlo porque existe en mí una honda convicción, casi una certeza: la enfermedad enturbia y apaga la vida de los seres humanos; la salud nos aproxima a la luz. La enfermedad es un camino perdido, desviado... Entonces, este libro aspira a mostrar el camino hacia el manantial dorado de la salud.

Desde allí, otro camino conduce a la profundidad del ser, a la íntima morada del hombre. Es más recóndito, más difícil de descubrir. Corresponde a un sonido nuevo, a una «música» que el ser humano no ha desarrollado del todo y que todavía no ha podido escuchar con claridad: la música del habla, la residencia de nuestro ser.

¿Podremos llegar a escuchar esa música? Mi esperanza es que alguien pueda hacerlo. Oírla.

Ahora debo concluir estas líneas porque, desde mi ventana, la lluvia me trae el eco de unas palabras: «El cáncer es un suicidio a nivel celular».

ARTURO EDUARDO AGÜERO
Buenos Aires, noviembre de 2009

Capítulo 1
El campo psicosomático

Un esquema clásico muestra que el campo psicosomático o soma-topsíquico (del griego *soma* = cuerpo, y *psico* = alma), donde se produce la enfermedad psicosomática o por autodestrucción, se compone de dos sectores, integrados por distintas áreas, una de las cuales incluye, a su vez, niveles o subcampos.

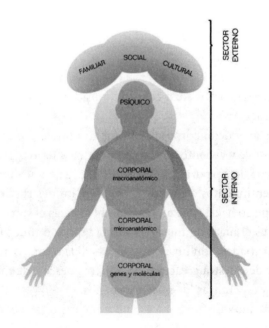

1. El sector de lo **externo** comprende:

- *lo familiar;*
- *lo social;*
- *lo cultural.*

2. El sector de lo **individual** abarca:

- *lo psíquico;*
- *lo corporal, con sus tres niveles:*
    - *macroanatómico (**órganos**);*
    - *microanatómico (**tejidos, células**);*
    - *genes y moléculas.*

EL CUERPO VIVIENTE

Las enfermedades psicosomáticas o autodestructivas tienen su base en el ámbito de lo individual, con asiento último y esencial en lo corporal o somático. En efecto, es en el cuerpo orgánico donde se origina y produce la enfermedad corporal o psicosomática, esta que llamo autodestrucción.

En esta área de lo corporal, con sus tres niveles, se encuentra el cuerpo sensible y viviente que late en nuestro interior.

El cuerpo, **lo corporal**, es el lugar donde se gestan y transforman nuestros sentimientos creativos y, también, los destructivos; donde nace el impulso hacia el gozo, pero también hacia el sufrimiento y la reflexión. Es el lugar de nuestra voluntad, poca o mucha, hacia las cosas más variadas, con un empuje sin medida o con escaso control. Es el lugar de nuestra creación, de nuestros deseos, de nuestras expectativas y esperanzas, de nuestros sueños.

Este cuerpo, que funciona así, necesita organizar esa multiplicidad de sentimientos que posee en su matriz; necesita evitar la desmesura, seleccionar los programas y establecer un cierto orden para darles curso. Necesita también afirmarse, para luego proyectarse.

Por eso surge, de su propia «carne» o entraña, la organización de **lo psíquico**, que es el camino del pensamiento, inseparable del cuerpo, pues nace de su mismo seno y se ha gestado en ese suelo de lo corporal, en la materia de sus células, de sus tejidos y de sus órganos.

Lo corporal siempre va acompañado de lo psíquico, un verdadero compañero de andanzas y travesías. Por eso no es posible dejar de

---

Niveles de lo corporal

Las **células** son los elementos básicos que componen un tejido. El **tejido** que conforman —por ejemplo, el tejido hepático— contiene y a la vez sostiene esas células. Finalmente, el tejido da también su forma al **órgano** (por ejemplo, el hígado).

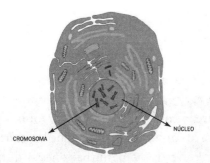

Dentro del cuerpo celular se encuentra el núcleo, que es una suerte de «corazón» de la célula. En el interior de ese núcleo residen los **cromosomas**, moléculas de ácido desoxirribonucleico —conocido como ADN— que se presentan como cadenas o hebras divididas en pequeños segmentos, llamados **genes**. A través de los genes se transmiten de padres a hijos los caracteres físicos y, también, ciertas afecciones, muchas de ellas graves y otras no tanto.

---

lado lo psíquico o anímico: porque va junto con lo corporal o somático. «Nada orgánico carece de sentido; nada psíquico carece de cuerpo», ha señalado Viktor von Weizsäcker.

Lo corporal y lo psíquico son dos fuerzas de las que no es posible decir que trabajen siempre de acuerdo, ya que a veces se oponen; pero bien podrían equipararse, en cuanto a la conservación de la especie, a la dualidad femenino-masculino; como si esta dualidad así concebida funcionara dentro de un ser humano (Gianni Vattimo, 1990, p. 23).

Entonces, el cuerpo no es tanto «el *Körper* sino el *Leib*», esto es, «el *cuerpo* viviente que se caracteriza por su aspecto activo» (Mónica Cragnolini, 1998, p. 130). Cuerpo viviente que, al decir del poeta, es cuerpo-complejo de deseos y de sueños.

Así debemos observar a este *Leib* o cuerpo viviente, para que esta manera de verlo nos otorgue la luz que ilumine todo el campo de las enfermedades psicosomáticas o autodestructivas.

Los sistemas nerviosos

Al observar cómo trabajan en el cuerpo el sistema nervioso voluntario y el sistema nervioso involuntario encontramos evidencias de la interacción entre lo corporal y lo psíquico. Ambos sistemas nerviosos pertenecen a lo corporal, sí, pero lo que los pone en movimiento es lo psíquico. Por eso, sus perturbaciones o disfunciones —que pueden manifestarse como palpitaciones, acidez estomacal, transpiración, etc.— se consideran de origen psicosomático.

El **sistema nervioso voluntario** coordina el funcionamiento de todos los órganos del cuerpo, recibe la sensibilidad también de todo el cuerpo y de sus órganos y, además, da impulsos motores a glándulas y músculos.

Este sistema nervioso voluntario se puede dividir en:

- sistema nervioso **central**, que está constituido por el cerebro, el cerebelo, el bulbo raquídeo y la médula espinal, y
- sistema nervioso **periférico**, que comprende los nervios craneales (por ejemplo, el nervio facial) y los nervios raquídeos (por ejemplo, el ciático en la pierna, el cubital en la mano, etc.).

«Las sensaciones táctiles, de presión, de temperatura, visuales, acústicas, del gusto y otros estímulos procedentes del medio externo son captadas por los exteroceptores y transmitidas hasta el encéfalo y la médula espinal» (Kenneth V. Kardong, 1998, p. 602).

Los movimientos musculares voluntarios: caminar, correr, asir, golpear, sentarse, pararse, etc., responden a este sistema.

El **sistema nervioso involuntario** acompaña al voluntario, pero —a diferencia de éste— no está «controlado» por la conciencia. Justamente por esto ha sido llamado **involuntario, autónomo** o también **neurovegetativo,** ya que está ligado a los órganos por una relación muy estrecha.

Este sistema neurovegetativo o autónomo interviene mediante dos organizaciones:

- el sistema neurovegetativo **simpático** (SNS) y
- el sistema neurovegetativo **parasimpático** (SNP).

Todos hemos oído hablar alguna vez de estos «simpáticos» elementos nerviosos. El sistema nervioso simpático actúa más cuando el cuerpo está en actividad y tensión; la adrenalina y la efedrina son ejemplos de sustancias que lo estimulan. El sistema nervioso parasimpático actúa más cuando el cuerpo está en descanso. En la tabla de la página siguiente describo algunas de las funciones de ambos.

CUANDO SE ESTIMULA EL SNS	CUANDO SE ESTIMULA EL SNP
Se dilata la pupila.	Se contrae la pupila.
Se acelera el ritmo del corazón y se contraen las paredes de las arterias.	Se frena el ritmo cardíaco y se dilatan los vasos arteriales.
Se excitan las glándulas, lo que provoca secreciones suprarrenales y tiroideas.	Se dilatan los vasos abdominales; esto permite que las vísceras reciban sangre suficiente para favorecer la digestión y la absorción de nutrientes.
Se estimula la destrucción del glucógeno hepático, lo que provoca un aumento de la glucosa en sangre (hiperglucemia).	Disminuye la secreción de insulina, lo que favorece la reserva de glucógeno en el hígado.

Si bien el sistema nervioso neurovegetativo o autónomo es un sistema «involuntario», no lo es por completo, ya que la vida emocional lo moviliza y lo excita. Si esta excitación es continua y persistente, en las glándulas, las arterias y el corazón sobrevienen trastornos que dan origen a algunas enfermedades verdaderamente psicosomáticas: hipertiroidismo (por alteración en la tiroides), hiperinsulinismo (en el páncreas), hipercorticalismo (en las suprarrenales), etc.

EL MÉDICO «VAGO»

Cuando las fibras del sistema nervioso están excitadas o estimuladas, estimulan los nervios a su cargo. Uno de esos nervios es el neumogástrico, que también se llama «vago». Como hace un recorrido largo, que desde su nacimiento en el bulbo raquídeo pasa por la boca, la garganta, los pulmones, el corazón, el estómago y el intestino, su estímulo o excitación se manifiesta mediante una variedad de síntomas, casi nunca graves, pero síntomas al fin.

Hay personas —por lo común adolescentes y jóvenes— que sufren una estimulación o excitación, de causa desconocida, de este nervio neumogástrico o vago. Suelen llegar al servicio de urgencias de hospitales o centros de salud con un abanico de síntomas: bradicardia (pulso lento); miosis (pupilas contraídas); sudores abundantes y espontáneos en cuerpo, brazos y manos; aumento de la secreción salival, nasal, bronquial y gastrointestinal; vejiga irritable; en fin, alteraciones en todo lo que este nervio vago estimula a su paso. Sus efectos son semejantes al estímulo del parasimpático, con el que tiene evidente conexión. A estos jóvenes —aunque puede darse a cualquier edad— se los denomina «sujetos vagotónicos».

Nunca pudimos comprobar fehacientemente los conocimientos de un médico al que ahora evoco. Ningún compañero lo vio jamás estudiar, ni siquiera llevar con él un libro o un apunte, y por eso recibió el apodo de «el Vago». Como si pretendiera confirmarlo, todas sus historias decían lo mismo: «Paciente de veintitrés años, afebril, con sudores profusos, tendencia al desmayo, bradicardia, secreción salival y bronquial, espasmo laríngeo con dificultad para respirar y tenesmo urinario (deseos de orinar)», para concluir con este repetido final: «Diagnóstico: hipertonía vagal - sujeto vagotónico».

No podía ser que en cada guardia hubiera tantos pacientes con el mismo diagnóstico. Pero él los tenía. De ahí que, cuando cualquiera de nosotros se encontraba con dificultades para realizar con claridad el diagnóstico de un paciente, algún bromista le dijera: «Si no sabes lo que tiene, llama al "Vago"».

Así como en el interior del individuo lo corporal va acompañado de lo psíquico, en el exterior el ser humano está en contacto con el medio en que vive. Ese medio circundante o ambiente, con sus áreas de lo familiar, lo social y lo cultural, interviene decididamente en la producción de las enfermedades del cuerpo o psicosomáticas.

Lo familiar es la zona donde la persona tiene y construye lazos consanguíneos. Está compuesta tanto por su familia nuclear de origen, o «familia en que se nace», como por aquella «en que se ha vivido» y también por la familia «que hace o forma ahora, en este tiempo» (Ezequiel Ander-Egg, 1995, p. 128).

La expresión «familia nuclear» o «simple» o «básica» designa a la constituida por hombre-mujer e hijos (Ander-Egg, *op. cit.*), pero también debe ser posible extenderla a parejas hombre-hombre o mujer-mujer; con o sin hijos, siempre que existan relaciones vinculares de extensión temporal. Familia es todo grupo humano unido justamente por lazos físicos (convivencia) y vinculares de extensión temporal.

El aspecto que nos interesa es que las familias no sólo interactúan en la relación con uno de sus integrantes —por ejemplo, el paciente psicosomático—, sino que interactúan además en la sociedad global en la que viven y ocupan un nivel o sector. Todo esto reviste importancia para el control y la prevención de enfermedades comunes (epidemias, alcoholismo, etc.) y también para el proceso de inicio y desarrollo de enfermedades psicosomáticas o autodestructivas en algún integrante de la familia.

Lo social —término de alcance variable— está referido, para la comprensión de lo psicosomático, a las relaciones sociales que cada ser humano establece en su medio (trabajo, reuniones, estudios, negocios, actividades, profesión, etc.) y que lo llevan a vincularse a otros seres humanos.

Lo social es la aldea (pequeña) donde nos movemos. En ella interactuamos, lo que significa expresarnos, avanzar, retroceder, asegurarnos, retirarnos, disculparnos, etc.

No es raro que en esta área de lo social aparezcan la tensión y el estrés. Habitualmente dan lugar a una movilización corporal y, en muchas ocasiones, a ciertas enfermedades psicosomáticas.

«La ciudad donde vivo ha crecido de espaldas al cielo. / La ciudad donde vivo es el mapa de la soledad; / al que llega le da un caramelo con el veneno de la ansiedad. / La ciudad donde vivo es mi cárcel y mi libertad» (Joaquín Sabina).

Lo cultural —otro término amplio— se refiere, en lo que respecta al estudio de lo psicosomático o autodestructivo, a aquellos elementos que los seres humanos internalizamos, o sea, tomamos del medio que nos rodea y llevamos en nuestro interior; por ejemplo: valores, actitudes, inclinaciones, normas de convivencia y de conducta, ordenamientos generales.

Estamos inmersos en este ámbito de lo cultural. No podemos eludirlo. Algunas de sus disposiciones nos afectan; a veces logramos apartarlas de nuestra vida u oponernos a ellas, pero en otras ocasiones su carga nos lleva a la enfermedad corporal. «Todos los procesos llamados somáticos están en gran medida condicionados por las representaciones histórico-culturales» (María L. Pfeiffer, 1995, pp. 63-68).

De estas tres áreas (familiar, social y cultural) provienen distintos agentes capaces de activar, desencadenar y aun producir algunas enfermedades del cuerpo o psicosomáticas. No es raro que se combinen dos o tres de estos agentes, y en ocasiones alguno más; pero siempre, siempre, pueden ser contados, todos, con los dedos de una mano. Para ejercer su acción se complementan, al menos, con las características de la personalidad y, a menudo, con determinados cuadros psíquicos. Pero son ciertamente poderosos.

Lo familiar, lo social y lo cultural van dejando en el cuerpo interior sus señales; señales que, si logramos detectarlas, nos permiten prevenir una enfermedad o realizar una mejor terapéutica y, si actuamos a tiempo, un verdadero «salvamento» de la acción dañosa.

Tengo entre mis lecturas las palabras de Fabiana Cantilo, compositora y cantante de rock. Entrevistada para una revista por Nora Lezano y Sebastián Arpesella, explica el porqué de la cubierta de su disco, donde ella aparece con heridas y cortes en la cara.

«—*Quiero contar por qué en la tapa del disco aparezco herida: no la golpearon a la mina, se llevó un portón por delante.*
—*¿Qué portón?*
—*El de la vida (se ríe).*»

(*Hecho en Buenos Aires,*
año VII, n.º 91, febrero de 2008)

Capítulo 2
Las características del enfermar

«La enfermedad es el lado nocturno de la vida, una ciudadanía más cara. Al nacer, nos otorgan a todos una doble ciudadanía: la del reino de los sanos y la del reino de los enfermos. Y aunque preferimos usar el pasaporte bueno (reino de los sanos), tarde o temprano, cada uno de nosotros se ve obligado a identificarse, al menos por un tiempo, como ciudadano de aquel otro lugar» (Susan Sontag).

Mientras estamos sanos, células, tejidos y órganos conforman un equipo organizado, que no guarda un equilibrio perfecto, pero sí una cierta armonía. En ella se basa el funcionamiento normal.

La enfermedad, en cambio, obedece a un desarrollo desarmónico de los procesos vitales, que han perdido la correspondencia entre unos y otros o cuya coordinación se encuentra dificultada.

El proceso de enfermar es un estado general del organismo, producto de ese funcionamiento desarmónico de órganos, tejidos y elementos celulares que se desafinan. ¿Todos juntos? Sí, en realidad, todos juntos: células, tejidos y órganos, porque todos se alteran, en una secuencia.

Ante la presencia de un agente dañino, el organismo entero, el cuerpo orgánico de la persona reacciona como una montaña sacudida por una tempestad. Éste es el primer paso.

Luego comienza el alud, que hace impacto en lo psíquico y encuentra condiciones más o menos favorables para su avance. Éste es el segundo paso.

El alud sigue su camino hacia lo orgánico y allí, en la trama del tejido de algún lugar u órgano vulnerable, ejerce su acción. Éste es el tercer paso.

Ahora, ya en esa localización, es el tejido el que resulta afectado; junto con él se ven afectadas sus células —a veces incluso sus cromosomas— y, por lo tanto, todo el órgano.

FACTORES DE LA ENFERMEDAD PSICOSOMÁTICA

En la producción de la enfermedad psicosomática intervienen, entonces, tres tipos de factores.

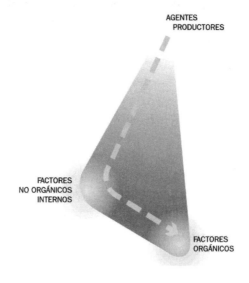

AGENTES
PRODUCTORES

FACTORES
NO ORGÁNICOS
INTERNOS

FACTORES
ORGÁNICOS

1. **Agentes productores.** Son elementos socio-ambientales. Provienen del medio que rodea a la persona y corresponden a distintos grados de lo que suele llamarse «maltrato emocional».
2. **Factores no orgánicos internos.** Son las fuerzas psíquicas o anímicas. Todas se hallan en el interior del individuo y algunas conforman su personalidad básica.

34

3. **Factores orgánicos.** Son los órganos que, por motivos sumamente complejos, están más expuestos a la enfermedad. Conviene tener presente que, al hablar de «órgano», me refiero siempre al conjunto de órgano, tejido y células.

Es importante observar la correlación entre estos factores y las áreas que componen el campo psicosomático. Por el vértice superior del triángulo entran los agentes productores desde el sector de lo externo, en el que están comprendidos lo familiar, lo social y lo cultural. La parte interna del triángulo representa el sector de lo individual, con lo psíquico y lo corporal en sus respectivos vértices.

La enfermedad psicosomática o enfermedad corporal por autodestrucción resulta de la acción de los tres factores. Los impulsos nocivos que inician el proceso de enfermar llegan a la persona desde el exterior. En respuesta a ellos aparecen, ya en el interior, los movimientos de las fuerzas psíquicas. Por fin, los órganos reciben, combinan, organizan y transmiten esos impulsos y movimientos.

Tanto el área psíquica como el área orgánica poseen la facultad de modular, moderar, elaborar e incluso transformar, de acuerdo con una pauta armónica y un sentido de equilibrio, los impulsos y movimientos negativos. Pero cuando éstos son demasiado intensos, o cuando una condición psíquica les allana el camino, o cuando no se logra transformarlos, aparecen las lesiones en el cuerpo.

Los agentes productores y las fuerzas psíquicas son los **inevitables iniciadores** en la producción de todas las enfermedades psicosomáticas o por autodestrucción.

Ese sitio interior

De los tres factores que intervienen en la producción de las enfermedades psicosomáticas, los dos que se ubican en el interior de la persona —los no orgánicos internos y los orgánicos— están entrelazados, tanto que tal vez no deberíamos separarlos. Pero el separarlos permite explicar mejor que, de ambos, son las fuerzas psíquicas o potencias del «alma» las que con mayor frecuencia provocan en órganos, tejidos y células el movimiento que lleva a la enfermedad. Ellas son el principal generador de gran parte de las alteraciones que aparecen en el cuerpo; en cualquier parte del cuerpo.

Este factor anímico (del latín *anima* = alma) fue considerado como tal ya en los años 348 a 334 antes de Cristo por el filósofo griego Aristóteles en su libro *De anima*, casi con seguridad el primer tratado de «psicología» del mundo occidental. «El alma es lo que imprime movimiento» (Aristóteles, *De anima*, 404a). «El movimiento es el atributo más íntimo del alma» (Aristóteles, *ibidem*). Y un poco más adelante, a modo de confirmación: «Así, todos los filósofos que han prestado atención al hecho de que lo que tiene alma se mueve adoptaron la opinión de que el alma debe ser considerada como el motor por excelencia» (Aristóteles, *op. cit.*, 404b). El alma es lo psíquico.

Un médico alemán, Viktor von Weizsäcker, explicaba en sus clases lo que denominó una «nueva concepción patogenética», que establece que «la causa de la enfermedad no reside exclusivamente en los microorganismos patógenos —que la mayoría de las veces habitan saprofíticamente* en nuestro organismo— sino también en el corazón —no anatómico— del hombre que, en un momento dado, deja de ser invulnerable ante ellos» (Viktor von Weizsäcker, 1956, p. 13).

Este corazón «no anatómico» del hombre no se localiza en un punto específico; está en nuestro interior, en nuestro cuerpo interno, ligado a nuestros órganos, tejidos y células. Tampoco está en nuestro cerebro; pertenece al cuerpo, a nuestro **cuerpo interior**.

En ese sitio de nuestro interior, de nuestra alma, que es lo psíquico, nacen y arrancan nuestras **vivencias**: lo que vivimos, lo que sen-

---

* Saprofíticamente: significa que viven sin afectar al organismo, ya que se alimentan por lo general de sustancias en descomposición.

timos, lo que deseamos. Lo que abrazamos como idea, vocación o fe; también lo que cuestionamos. Lo que amamos, lo que pensamos, lo que creemos. Lo que apartamos, lo que rechazamos, lo que odiamos. Lo que esperamos, lo que proyectamos. Todo lo que algunos investigadores han dado en llamar «lo vivido» o, con más amplitud, *«campo de lo vivido»* (Henri Ey, 1976, p. 38).

Mientras escribo esto, recuerdo a un amigo que tuvo un penoso accidente: conducía por una carretera con su novia como único acompañante y fue embestido por otro vehículo; su novia falleció en el acto, y a él lo ingresaron en grave estado.

Cuando se recuperó y supo lo que le había ocurrido a Vivian, fue presa de una profunda tristeza y una gran depresión. Su deseo de morir fue instantáneo. No tenía consuelo. Al médico de guardia, que trataba de reconfortarlo, prácticamente le arrojó una foto que conservaba de él y Vivian abrazados y le gritó, casi en un llanto: «Basta, no me diga ya nada más, mire la foto, ¿qué me puede decir ahora?».

El médico recogió la foto, la miró y le pidió permiso para llevársela y traerla al día siguiente. Se la devolvió con la siguiente nota escrita en los bordes: «Hugo: más allá de nuestra tremenda y dolorosa realidad, muy cerca de nuestra existencia, está ese sitio interior donde se guarda nuestra verdad, el sentido de nuestro ser, lo que somos. Allí, en ese lugar se levanta nuestra pena, nuestro desconsuelo, nuestra culpa, nuestra impotencia, nuestra rabia, nuestro gran dolor... Pero Allí, también Allí, junto a ellos, se levanta por otro lado nuestra esperanza, nuestra lucha, nuestro amor».

Cuando Hugo me mostró la foto con las palabras que leía y releía, pensé en lo valioso de esa respuesta y en lo que encierra: justamente lo que ahora estoy diciendo. ¡Qué bueno que alguien diga y hable del lugar o sitio donde está lo que vivimos o, mejor, lo que vivenciamos! Más tarde me enteré de que esas líneas habían sido escritas por la novia del médico, que era psicóloga. Gracias a ella Hugo comenzó a vivir de nuevo.

La vida del ser humano, originada en esas fuerzas que arrancan de los entramados celulares y de los órganos, se asienta y afirma en un cuerpo.

Hace algo más de medio siglo, un médico argentino escribió unas palabras que tienen llamativa actualidad: «La corriente filosófica del positivismo materialista de nuestra medicina titulada científica pretende con su esfuerzo comprender al hombre partiendo de una biología de laboratorio; y si bien no ignoramos sus progresos, sin embargo, subestimamos la unilateralidad de sus conclusiones y advertimos al médico que por ese camino sólo se pueden interpretar ciertos fenómenos vegetativos y la estructura del armazón de la vida organizada. Conocer la fisiología de las funciones conforma las exigencias de la biología experimental, pero, con todo, el médico sigue ignorando la fisiología de la vida» (José B. Rino, 1949, p. 9).

¡La fisiología de la vida! Es ésta una suerte de frase clave. Porque, como agrega más adelante el mismo Rino: «La vida está impregnada de fuerzas vitales y espirituales» (Rino, *op. cit.*, p. 11). Y éstas son parte de lo que él llama «la fisiología de la vida».

En la mayoría de las enfermedades psicosomáticas, y en otras que la ciencia médica no considera como tales, las que inician el proceso de enfermar son justamente estas fuerzas vitales o psíquicas o anímicas, que he ubicado como factores no orgánicos internos.

Cualquiera que sea la forma orgánica (artritis reumatoidea, asma, lupus eritematoso, esclerosis en placas, diabetes mellitus, alergias e intolerancias alimentarias, glomerulonefritis, ciertas formas de cáncer, etc.) que tome la enfermedad, no debemos perder de vista que en su origen están las fuerzas psíquicas.

Tenemos que volver a las fuentes del enfermar, pero necesitamos «otra mirada», que nos lleve a las cosas mismas, a sus fundamentos. Esta «vuelta a las cosas mismas» nos conducirá a las fuentes del saber médico, a su núcleo: el cuerpo y su movimiento, y de allí a la enfermedad.

Hipócrates, el padre de la medicina, concibió el organismo como un todo: «Sin estudiar la naturaleza del conjunto de cosas, la universalidad de las mismas, no se puede comprender la naturaleza del cuerpo, y menos, hasta donde nos es dado, comprender la naturaleza del alma». El criterio hipocrático implica la unidad psicosomática. Pero el organismo tiene sus partes, sus órganos. Órganos que son partes de un todo, de un cuerpo.

Entonces, frente a la enfermedad, el pensamiento que me guía es una pregunta o, mejor, dos, como las haría Viktor von Weizsäcker frente a una enfermedad clínica: «¿Por qué precisamente en este lugar? ¿Por qué precisamente aquí?» (Von Weizsäcker, *op. cit.*, p. 15).

No son preguntas ligeras. Son las preguntas que me hago cuando trato de comprender la enfermedad orgánica y su localización. Estas dos preguntas me van llevando a la vida personal del paciente, ese ser humano que se encuentra enfermo frente a mí. Son dos preguntas que inevitablemente abren la puerta de su historia, de su situación frente al mundo y de su acontecer en la vida en todo el tiempo anterior a la aparición de la enfermedad.

Gerardo y la nefritis

Dr. Walter: ¿Qué sabe de su enfermedad, Gerardo?

Gerardo: Me han dicho que tiene que ver con los riñones. Eso es todo lo que sé: que es una enfermedad del riñón. No me lo imaginaba.

Dr. Walter: ¿Cuándo comenzó a sentirse sin fuerzas y los pies se le hincharon?

Gerardo: Creo que hace un mes, pero no recuerdo bien la fecha. Sé que estaba en mi casa y, como me sentía cansado, decidí irme a la cama; pensé que era porque ese día había trabajado mucho... pero me llamó la atención que, cuando fui a subir las escaleras para ir a mi cuarto, las piernas casi no me respondían. Al llegar a la cama y quitarme los zapatos, me vi los pies abultados, hinchados. Creí que me faltaba sueño y que al otro día estaría como nuevo. Y me fui a dormir.

Dr. Walter: ¿Y?

Gerardo: Pero no fue así. Seguía igual. Dejé pasar unos cuantos días y entonces llamé al médico de urgencias y después empezaron las revisiones, los análisis, las consultas. Y en fin, aquí estoy, ingresado.

Dr. Walter: ¿Algún problema en su casa, Gerardo? Usted está casado, ¿no?

Gerardo: Sí, estoy casado, pero no tenía ningún problema por entonces con mi mujer. Tampoco con mis hijos. Todo bien.

Dr. Walter: ¿Trabaja actualmente? ¿Qué hace?

Gerardo: Sí, trabajo, aunque ahora noto un poco la crisis.

Dr. Walter: ¿Por qué? ¿A qué se dedica?

Gerardo: Me dedico a los negocios. Compro apartamentos y luego los vendo.

Dr. Walter: Como una empresa inmobiliaria.

Gerardo: En parte sí, pero no, no tengo una inmobiliaria. En realidad siempre me gustó más construir.

Dr. Walter: ¿Cómo es eso?

Gerardo: Por ejemplo, compro una vivienda, la agrando un poco, trato de sacar dos o tres apartamentos pequeños y entonces los vendo.

Dr. Walter: Usted me habló de que estaba en crisis. ¿Por qué?

Gerardo: Bueno, en mis negocios hace un tiempo me ocurrieron muchas cosas que hicieron peligrar la empresa. Tengo a mi hermano menor, Héctor, que es mi socio, y dos o tres empleados, pero el que dirige todo soy yo. Héctor me sigue siempre a mí.

Dr. Walter: ¿Y qué le ocurrió a su empresa?

Gerardo: Una tarde aparecieron empleados de la DGI* junto con policías. Venían con una orden. Lo registraron todo y a mí y a una secretaria nos llevaron detenidos.

---

* DGI: Dirección General Impositiva, organismo fiscal de Argentina.

Dr. Walter: ¿Detenidos?

Gerardo: Sí, nos arrestaron. A mi secretaria, después de unas horas, la dejaron libre, pero yo estuve detenido una semana.

Dr. Walter: Pero ¿qué ocurrió en realidad y por qué?

Gerardo: Por lo que averigüé más tarde, hubo una denuncia, pero ellos en ese momento me dijeron que había graves anomalías en las cuentas y una evasión impositiva. Me hablaron de estafa al fisco. Esto fue lo aparente, porque después mi abogado me dijo que había habido una denuncia. Allí se descubrió la trama y el ovillo, porque todo fue por una denuncia de un tal... no importa ya el nombre, pero era un ex socio mío con muchas influencias en la DGI y, como me aseguró el abogado, con otras conexiones que usó.

Dr. Walter: ¿Qué conexiones, Gerardo? ¿Y cómo siguió esto?

Gerardo: No importa que le cuente todo eso; ya pasó. Pero sí le digo que yo no hice para nada tal evasión; eso lo demostré y lo sigo aclarando. Es muy largo de contar, doctor, y no sé para qué puede servirle. Pero en mi contabilidad, que está al día, voy mostrando la realidad de esa injusticia.

Dr. Walter: ¿Y cuándo le ocurrió todo esto?

Gerardo: Me detuvieron hace cinco meses; estamos en abril... sí, cinco meses.

Dr. Walter: Me gustaría que me dijera, Gerardo, qué le ocurrió entonces anímicamente. ¿Cómo estaba? ¿Puede describirlo?

Gerardo: Al principio fue como un golpe...

Dr. Walter: ¿Un golpe interno?

Gerardo: Sí, un golpe interno, como un shock, que después de unos días me dejó sin fuerzas, sin saber qué hacer... no podía ni pensar. Llegué a mi casa después de esos días de detención y me fui derecho a la cama. Así estuve, tirado, sin fuerzas.

Dr. Walter: ¿Cuánto tiempo estuvo así?

Gerardo: No sé bien, pero creo que casi un mes, porque para fin de año no estaba repuesto y me quedé en casa. El fin de año no salí. Yo, que siempre me voy fuera, me quedé con mi familia. Al comienzo de este *año pude recuperarme. Tardé un tiempo largo en salir de ese golpe. A decir verdad, todavía no me siento bien del todo.*

Dr. Walter: ¿Cómo es eso, Gerardo? ¿Por qué no me aclara un poco más este punto? Porque primero me ha dicho que se recuperó y ahora, que todavía no está bien del todo.

Gerardo: Es que detrás de esa detención y de esos días me vino un embargo importante sobre todos mis bienes: mi casa, la oficina y hasta una casa que tengo en La Plata. Yo creo que de este problema voy a salir porque tengo todo para demostrar lo falso de la denuncia y de todo esto... pero me arruinaron... me dejaron sin el proyecto...

Dr. Walter: ¿Qué proyecto? ¿Cuál?

Gerardo: El de montar un gran centro comercial. Porque cuando me detuvieron yo estaba en la oficina del centro comercial, bah, de lo que iba a ser... bueno, del proyecto.

Dr. Walter: ¿Usted tiene un centro comercial?

Gerardo: No, no. Yo justamente tenía un proyecto. Lo llamaba el proyecto de mi vida; había comprado una fábrica que ya no funcionaba para construir ese centro. Para que tenga una idea, ese centro comercial iba a ser el más grande de la zona sur. Aparte la zona se iba a agrandar, iba a crecer y allí también iba a invertir yo mismo, porque tenía muchas ideas.

Dr. Walter: Era un gran proyecto, entonces.

Gerardo: Sí, por eso yo lo llamaba el proyecto de mi vida.

Dr. Walter: ¿Y no lo puede continuar? Si, como usted dice, puede ir aclarando su situación...

Gerardo: No, ya no. Con todo eso que pasó, no. Además fue muy mediático; hasta salió por televisión. Un desastre, porque la gente que había adelantado dinero para comprar locales en ese centro comercial comenzó a retirarse y, lógico, piden que les devuelva el dinero. Pero otros se sintieron estafados y comenzaron a ponerme pleitos. Ya ve, no es posible seguir con el proyecto.

Dr. Walter: ¿Y entonces?

Gerardo: Entonces, se acabó el proyecto. Todavía no sé qué voy a hacer; pero ese centro comercial se terminó. Las pérdidas son muy grandes.

Dr. Walter: ¿Y eso es lo que lo tiene mal, sin lograr recuperarse?

Gerardo: Sí, es eso. Pero ya está.

Dr. Walter: ¿Y no pensó cómo seguir y qué hacer en su empresa? ¿Seguir construyendo, por ejemplo?

Gerardo: No, ya no, doctor. Al menos aquí, en el país, no. No lo he decidido definitivamente, pero creo que aquí, en Argentina, no. Creo que no. Primero tengo que ponerme bien y después veré. Pero en este país no se puede. Y menos después de todo esto. Éste es un país donde todos los días te examinan. Y estoy suspendido.

Dr. Walter: Está bien, Gerardo. Entiendo. Pero, hace aproximadamente tres meses, usted comenzó a sentirse algo recuperado de ese gran golpe. Usted me ha dicho que primero se sintió muy abatido y luego, al parecer, fue recuperándose. Salió de donde estuvo detenido esos días, pero no terminó de resolver este problema. Y un tiempo después le aparece esta enfermedad en el riñón. ¿Puede relacionar estos hechos con su enfermedad actual? Quiero decir, ¿encuentra usted alguna relación entre esos hechos y su enfermedad renal?

Gerardo: Bueno, no lo había pensado. La verdad es que, si fuera así, creo que por algún lado tenía que explotar. Fue un golpe muy duro. Pero ¿usted cree que es posible que haya enfermado del riñón por esto?

Dr. Walter: Bueno, es una opinión, una idea que tenemos. De cualquier modo, ahora el camino es tratar pronto su enfermedad renal y curarla. Luego seguiremos con esta charla. Gracias, Gerardo.

Gerardo: Gracias a usted, doctor, por su preocupación.

Podría transcribir centenares de ejemplos, pero prefiero dejar a Gerardo como modelo de alguien que, con posterioridad a un golpe emocional intenso, desarrolla una enfermedad orgánica.

El historial de este paciente de cuarenta y un años —que fue presentado en un ateneo— no muestra otras patologías o disfunciones. Ésta fue su única afección. Aproximadamente tres semanas después del acontecimiento traumático (la detención), comenzó a padecer un cuadro ya visible por el edema o hinchazón en ambos tobillos, junto con una importante proteinuria; esta pérdida de proteínas a través de la orina reveló un mal funcionamiento de los riñones. Además presentaba cansancio físico y hasta fatiga ante los mínimos esfuerzos, todos síntomas de su afección renal, por pérdida de proteínas en su organismo.

La glomerulonefritis membranosa es idiopática, es decir, de causa desconocida; hoy se la considera como de etiología u origen autoinmune. Ya puedo adelantar algo que luego retomaré: que en todas las enfermedades **autoinmunes** se encuentra presente una alta carga **emocional**.

Esta idea se refleja en la letra de un tango: «Quisiste con ternura y el amor / te devoró de atrás hasta el riñón. / ¡Se rieron de tu abrazo y ahí nomás... / te hundieron con rencor todo el arpón! / Amargo desencuentro, porque ves / que es al revés. / Creíste en la honradez y en la moral... / ¡qué estupidez!» (Cátulo Castillo, «Desencuentro»).

Respuesta en espera

¿Existe una correlación entre los hechos que padeció Gerardo y la perturbación en el funcionamiento de sus riñones? ¿Fue el shock emocional que sufrió la única causa de su enfermedad? ¿Y por qué en los riñones? ¿Los órganos hablan?

Tal vez deberíamos considerar que en los órganos incide un proceso que en su origen ha sido organizado o creado por un desarrollo particular de ciertos «estados corporales», estados que se ha dado en llamar «vivencias». Sería entonces más atinado decir que el cuerpo interior es el que habla, porque son estos «estados corporales vivenciales» los que se han encaminado hacia ambos riñones. ¿No se les pudo dar otro curso menos lesivo? ¿O estas vivencias fueron tan intensas que no pudieron ser transformadas en algo más leve?

Ahora no deberíamos adelantarnos. Porque, como se preguntaba Viktor von Weizsäcker: «¿Por qué precisamente aquí? ¿Por qué precisamente en este lugar?». ¿Por qué en el riñón o, mejor, en los riñones? La respuesta queda en suspenso. No sería acertado buscarla apuntando a una causa única, porque estas vivencias, que son de todo el cuerpo, tienen un paso inevitable por el equipaje genético del ser humano, lo movilizan o al menos lo inquietan. Y porque en todo ser humano existen también necesidades, expectativas y deseos; necesidades, expectativas y deseos que han sido moldeados tanto por la fragua de la cultura en la que vive como por la sociedad en la que intenta volcar y concretar sus esperanzas.

«Cuando Juan regresaba a su lecho / no sabía, oh alma querida, / que en la noche lluviosa y sin techo / lo esperaba el amor de su vida. / Y las causas lo fueron cercando / cotidianas, invisibles, / y el azar se le iba enredando / poderoso, invencible» (Silvio Rodríguez, «Causas y azares»).

Capítulo 3
El factor psíquico

He señalado en el capítulo anterior que el inicio de las enfermedades psicosomáticas o por autodestrucción tiene como protagonistas, en la mayoría de esas afecciones, a las vivencias o fuerzas psíquicas.

Al hablar de vivencias o fuerzas psíquicas estoy hablando del Ello (*véase* el recuadro de la página siguiente), ese lugar o sitio donde, como decía el texto que entregaron a Hugo, «se levanta nuestra pena, nuestro desconsuelo, nuestra culpa, nuestra impotencia, nuestra rabia, nuestro gran dolor» y «se levanta por otro lado nuestra esperanza, nuestra lucha, nuestro amor».

El Ello comprende las energías o fuerzas psíquicas que Freud —entre otros—, con su descubrimiento clásico del aparato psíquico, mostró al mundo. Además, «gran parte del Ello está constituido por elementos arcaicos, en parte de origen ontogenético y en parte de naturaleza filogenética. Es decir, todo lo heredado, lo que ha traído consigo el individuo desde su nacimiento. Lo fijado constitucionalmente» (Alberto Tallaferro, 1957, p. 67). El término «ontogenético» alude a un proceso que abarca toda vida del individuo, desde la etapa embrionaria hasta la muerte. «Filogenético» es el curso de los cambios evolutivos dentro de un grupo de organismos relacionados (por ejemplo, animales primitivos, luego animales invertebrados, luego animales vertebrados, luego mamíferos, luego monos, luego hombre).

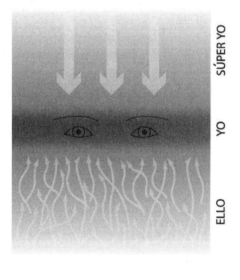
El Ello está conectado profundamente tanto con lo biológico como con lo somático. Del Ello nacen los deseos, los impulsos, en fin, todo lo que conocemos como vivencias, es decir, lo psíquico.

Este Ello es el que nos interesa para la comprensión de las enfermedades psicosomáticas o enfermedades por autodestrucción, porque tanto su base como su origen están justamente en lo biológico y en lo somático; así evoluciona hacia lo psicológico y por esto se lo identifica, por lo común, como un elemento psíquico.

Enseguida entraré de manera práctica en esta área de lo psíquico, presentando varios de los factores que abren, desde allí, el camino a la enfermedad por autodestrucción. Para señalar mejor la relación que existe entre estos factores y la enfermedad, es preferible llamarlos **condiciones**, porque posibilitan que el organismo enferme. Ése es el lugar que ocupan: el de condiciones que predisponen a la enfermedad o que facilitan o apresuran su desarrollo, o que la «destapan» si estaba latente.

La culpa, el sufrimiento, el miedo, la desvalorización, la insuficiente autonomía, la amargura, la ira, la sobreadaptación y el conflicto son algunas de las entidades psíquicas que funcionan como condiciones para la producción de la enfermedad psicosomática. Me referiré a las tres últimas, por la gran trascendencia que tienen en tal sentido.

La ira*

La ira es una de las vivencias o fenómenos psíquicos más dañinos para el cuerpo. En relación con las enfermedades psicosomáticas posee enorme importancia, porque puede provocar afecciones corporales serias; en la trastienda de muchas enfermedades autoinmunes, y aun de muchos cánceres, encontramos su presencia como principal ingrediente.

Emilio Mira y López, psiquiatra español, llamaba a la ira «el Gigante Rojo» y la ubicaba como uno de los cuatro gigantes del alma, junto con el amor, el miedo y el deber.

---

* Tomado de una conferencia que dictó el autor en mayo de 2007 en San José (Costa Rica), en el seminario «Marketing estratégico» a cargo del profesor Leopoldo Barrionuevo.

Sigmund Freud manifestó siempre que en el ser humano existen dos pulsiones (o instintos): la pulsión de vida y la pulsión de muerte. La causante de que exista la ira es la pulsión de muerte, de la que no podemos desprendernos porque es una de estas dos pulsiones vitales. Viene con nosotros al mundo; el bebé, cuando lanza su primer grito o cuando llora de hambre o de dolor, ya la muestra. Es algo que no podemos eludir ni evitar, porque forma parte de nuestro común equipaje en el tránsito por esta vida.

Una frase latina expresa: «*nisi orbe sine irae*» («no hay mundo sin ira»). Un sacerdote y presidente de una universidad estadounidense nos dice: «La capacidad humana de hacer el mal no se basa en decisiones o en hechos de carácter individual o aislado. Esta historia, toda la historia del nazismo, pone al descubierto los pecados de complicidad y los pecados de omisión y negación que demuestran en forma manifiesta y clara nuestra colaboración en la ejecución del mal» (Mathew Fox en Simon Wiesenthal, 1998, p. 115).

La ira y el odio tienen la misma significación. No hay diferencias: el odio es la ira y la ira es el odio. Una representa algo exterior, más visible: la ira; el otro, lo que está en el interior del ser humano: el odio. Pero ambos dicen lo mismo.

De este Gigante Rojo (ira-odio) se suceden como en una escalera imaginaria, de menor a mayor, los siguientes estados: en el primer escalón el **disgusto**, en el siguiente el **encono** o el **enfado**, luego el **rencor** y la **rabia**, que se exteriorizan como **agresividad**, luego la **cólera** y por fin la **furia**.

En ciertas ocasiones, sin que sepamos bien por qué, en uno de estos escalones comienza a crecer este Gigante Rojo, y entonces el ser humano pierde el control de sus instintos (mejor llamarlos pulsiones). Así, nos encontramos con dos problemas, uno externo y otro interno.

El problema **externo** ocurre cuando de las palabras vamos pasando a los hechos hasta llegar a un punto en el que ya no tenemos dominio sobre nuestras acciones. Esta situación me recuerda el título de una antigua novela: *Donde mueren las palabras*. Porque donde mueren las palabras ya no podemos controlar lo que decimos, lo que expresamos. Fuera de las palabras, cuando ellas mueren, nos invaden los hechos. Sin palabras.

Siempre debemos evitar este paso. No debemos cruzar jamás esta línea. Mientras podamos hablar de lo que sentimos, ya de nuestro disgusto, ya de nuestro enfado o de nuestra rabia, todo va bien, porque estamos conscientes y todavía controlamos lo que decimos.

El odio y la ira son como un caballo y nosotros, nuestro Yo, los que sujetamos las riendas. Si dirigimos ese caballo, sabemos adónde lo llevamos. Pero si el caballo se desboca y se torna ingobernable, no somos ya dueños de él, y entonces nos lleva no sabemos adónde. Por estas razones, nunca debemos perder las riendas de este brioso y salvaje caballo, que transporta en su interior al Gigante Rojo del odio y la ira. No debemos dejar de hablar de lo que nos disgusta y hace mal. Tenemos que saber y poder expresarlo.

El problema **interno**, que es el que nos interesa más por su relación con las enfermedades por autodestrucción o psicosomáticas, ocurre cuando no logramos dominar al Gigante Rojo y entramos en el escalón de la agresividad sin poder expresarla, sin exteriorizarla.

Es común entonces que esta agresividad se vuelva hacia nosotros mismos, hacia nuestro interior, como un verdadero agente productor de enfermedades. De ciertas afecciones en la piel, en el cuerpo y también en los órganos; al menos, en algún órgano. Las enfermedades autoinmunes y muchos tipos de cáncer tienen a este Gigante Rojo llamativamente desarrollado. Resulta muy significativo que el cáncer de mama aparezca en numerosas mujeres que guardaron y guardan una relación de gran hostilidad con sus madres.

Porque esta agresividad, con su fuerte carga de energía, hará diana en ciertas células y tejidos de algún órgano. (Recordemos que las células forman tejidos y los tejidos, órganos: piel, estómago, riñones, hígado, tiroides, pulmones, mamas, corazón, etc.) Entonces habrá que tratar el órgano afectado, cuando en realidad deberíamos haber tratado la agresividad, ese Gigante Rojo que siempre está al acecho.

¿Cómo podemos controlar más y mejor a este Gigante Rojo que nos acompaña en el camino de la vida?

Una respuesta nos lleva hasta el Centauro (*véase* el recuadro de la página siguiente), un ser mitológico que tenía un poder casi invencible en sus patas. Necesitamos reforzar las cuatro patas de nuestro Centauro, sobre todo la que tiene que ver con nuestras relaciones: con nuestro mundo, nuestro hogar y nuestras amistades. Porque la fortaleza de esa pata —de los afectos, de lo afectivo— nos dará cierto poder para atenuar la ira, aplacar la rabia y diluir la agresividad.

Cuando miramos hacia el pasado de algún ser humano que fue tratado con dureza, con violencia o con los silencios del abandono y vemos a este Gigante Rojo crecer en él, podemos comprender cómo se genera y descubrir, también, cuáles son las «armas» que nos permiten enfrentarlo y apagar su fuego.

Vienen ahora a mi memoria las palabras de dos poetas que ilustran lo que digo:

«Una mujer me ha envenenado el alma, / otra mujer me ha envenenado el cuerpo; / ninguna de las dos vino a buscarme, / yo de ninguna de las dos me quejo. / Como el mundo es redondo, el mundo rueda. / Si mañana, rodando, este veneno / envenena a su vez, ¿por qué acusarme? / ¿Puedo dar más de lo que a mí me dieron?» (Gustavo Adolfo Bécquer).

«Estaba enfadado con mi amigo, le hablé de mi ira y la ira se disipó. Estaba furioso con mi enemigo, no hablé de ello y mi ira creció.» (William Blake)

El centauro

Este ser fabuloso, mitad hombre y mitad caballo, tenía una fuerza enorme que radicaba sobre todo en sus patas. Cuando se afirmaba en ellas, era imposible derrotarlo.

Nosotros, los seres humanos, podemos aumentar nuestra fuerza si tenemos bien afirmadas las cuatro patas de nuestro Centauro. Veamos qué representa cada una de ellas.

1. Una pata es nuestra **actividad laboral**, nuestro empleo, nuestra ocupación; lo que día a día realizamos, lo que en una época se concebía como la «moral del trabajo». Cualquiera que sea la profesión o el oficio, es la voluntad de hacerlo la cualidad con la que el ser humano puede forjar su destino y afirmarse.

2. Otra pata es nuestro **mundo afectivo:**
   - nuestro **núcleo familiar**, la relación con nuestros seres queridos (madre, padre, hermanos, tíos, primos, hijos);
   - nuestra **pareja** o nuestro amor (real o imaginario);
   - nuestras **buenas amistades**, que también nos sirven de contención;
   - los **lazos sociales** que construimos;
   - los vínculos afectivos con nuestro **pasado** y con nuestra **propia historia.**
3. Otra pata es nuestro **cuerpo**, que comprende nuestro organismo, la actividad física que practicamos (deportes, caminatas, juegos) y nuestra alimentación, es decir, lo que comemos.
4. Otra pata es nuestra **parte espiritual o artística:** películas, teatro, danza, literatura, música, pintura, escultura, conferencias; todo lo que nos conmueve, nos hace pensar, nos transporta. Aquí también están nuestros *hobbies*, que nos entretienen y dan forma a la actividad lúdica.

La sobreadaptación*

Cuando nos vemos obligados a enfrentarnos a situaciones que nos imponen una exigencia superior a la habitual, o que nos demandan demasiado esfuerzo, lo más común es que nuestro organismo reaccione con un cuadro de estrés.

Pero existe un grupo de personas que frente a este exceso de demandas o sobreexigencias, ya del trabajo, ya de otros seres humanos, responden con una adaptación muy buena o incluso casi «per-

---

* Tomado de una conferencia que dictó el autor en julio de 2007 en Bogotá (Colombia), en el Programa de Posgrado sobre Administración y Gerencia en Instituciones Privadas y Públicas a cargo de los profesores Guillermo Baena y Leopoldo Barrionuevo.

fecta». Se las conoce como personalidades sobreadaptadas, pues la exagerada adaptación a las demandas es justamente su característica básica. Aunque no parecen sufrir graves conflictos psicológicos, necesitan imperiosamente mostrar que pueden hacer muy bien lo que se les pide, que pueden satisfacer perfectamente todas las exigencias que se les presentan.

¿Qué motivos o razones llevan a estas personas a cumplir de manera tan eficiente con esos desmedidos requerimientos laborales, sociales o familiares? Porque, atención: estamos hablando de **demandas excesivas**.

La respuesta es que, al realizar tal sobreesfuerzo, se sienten interiormente valoradas, respetadas, estimadas y aun queridas. En cambio, si no lo hacen, sienten que no son apreciadas ni tenidas en cuenta ni queridas. Es decir, que sólo cuando cumplen con esas demandas excesivas pueden verse reconocidas y valoradas.

Si bien esto es algo imaginario, en el sentido de que al esforzarse en exceso imaginan ser respetadas y reconocidas, lo cierto es que este «imaginario» lleva a estas personas por el camino de la sobreadaptación.

Entonces uno se pregunta: ¿qué problemas trae esta sobreadaptación? Si todo está «acomodado», si la persona cumple con todas las exigencias y sobresale en todo, ¿dónde radica el problema, si es que lo hay?

Sí, lo hay. Porque el sobreadaptado, al tiempo que despliega un rendimiento «súper», casi ilimitado, deja de lado sus propias necesidades; por ejemplo, la alimentación, el descanso, el esparcimiento, las relaciones. Se olvida de comer, de descansar y de disfrutar de aquellas actividades y situaciones que están dentro de sus posibilidades. Sí; ese mayor rendimiento se realiza a costa de sus propias necesidades corporales, emocionales y espirituales. Y justamente aquí está el problema.

Recordemos las patas del Centauro (*véase* el recuadro de la p. 53). El sobreadaptado desarrolla en exceso una de las patas —por lo general, la del trabajo—, pero pierde notablemente su fuerza en las otras tres: sus afectos, su cuerpo y su faceta espiritual. Podría también equipararse a una persona que tuviera una pierna muy fuerte y la otra débil; en realidad, no estaría en buenas condiciones para caminar.

Al debilitarse, su cuerpo empieza a presentar problemas, sean digestivos (gastritis, colitis, disfunciones, etc.), cardiovasculares (anginas, taquicardias, arritmias, etc.) o musculares por cansancio físico, pues el sobreesfuerzo constante lo lleva al agotamiento. Si esto no se detiene, los problemas físicos avanzan y las que en un comienzo eran sólo alteraciones funcionales, con el tiempo se vuelven enfermedades: úlcera gastroduodenal, colon irritable, colitis ulcerosa, infarto de miocardio e hipertensión arterial, por nombrar las más comunes.

Finalmente, como he dicho, la sobreadaptación arrastra otro mal: el dejar de lado la vida emocional y afectiva, que entonces queda postergada o anulada.

Por ello, el sobreadaptado no debe ser elogiado. Debe ser ayudado para que pueda desarrollar sus aptitudes artísticas y su creatividad, sentir su cuerpo, vivir y liberar sus emociones.

Hay quienes dicen que el sobreadaptado está afectado de «normalidad», pero lo cierto es que paga un precio muy alto por esta «normalidad».

«No debe violentarse la naturaleza, sino obedecerse; y la obedeceremos si satisfacemos los deseos necesarios, y también los deseos físicos si no nos causan daño. Pero rechazaremos estrictamente los deseos nocivos» (Epicuro).

Otra condición que puede producir enfermedades psicosomáticas es el conflicto. Un conflicto importante que no hayamos resuelto. Aclaro lo de «importante» porque todos tenemos conflictos. Nuestro aparato psíquico vive en el conflicto, ya que permanentemente debemos tomar pequeñas —y a veces no tan pequeñas— decisiones.

Un conflicto psíquico es un problema entre dos fuerzas o instancias opuestas que la persona no logra aplazar o resolver. Así, por ejemplo, preguntarme si voy a la fiesta de cumpleaños de mi amiga o me quedo en casa es un conflicto que yo, mi Yo, resuelve cuando decido tomar uno de los dos caminos. Es claro que este conflicto no tiene fuerza o potencia suficiente para enfermarme. Dado que no involucra a mi Yo interior más profundo, no es potencialmente enfermante.

Pero otros sí lo son. Como aquel que me confió Daniel, un paciente, cuando se enteró de que su madre estaba muy enferma, internada en un sanatorio. El problema era que su madre lo había abandonado. Cuando Daniel tenía cuatro años, su padre falleció y su madre se mudó a otra ciudad con su nueva pareja y los tres hijos de ese hombre. Daniel la había buscado infructuosamente. Ahora la madre lo reclamaba, y él no podía resolver este conflicto de ir o no ir a verla. Había una lucha entre dos fuerzas, porque el deseo de verla era tan intenso como el rencor y el resentimiento hacia ella para no hacerlo. Entonces Daniel padeció una fuerte angina que se le extendió hasta el oído y que le impedía hablar a causa del dolor.

Esa angina expresaba la existencia del conflicto; era un síntoma,

---

* Tomado de una conferencia que dictó el autor en junio de 2007 en Barranquilla (Colombia), en el seminario «Taller de Vida», introductorio al curso de Gerencia Empresarial para el Nuevo Siglo.

vale decir, «un signo de conflicto activo inconsciente, en el que el control inconsciente o la redistribución de fuerzas no ha sido exitosa» (Glover Edward en Marta Álvarez Dresco y Olga Sáez, 1990). Indicaba que el conflicto de Daniel no había podido ser resuelto adecuadamente.

Lo interesante es que a veces «el síntoma "cabalga" entre el sistema inconsciente y el preconsciente, tomando las energías de ambos sistemas» (Álvarez Dresco y Sáez, *op. cit.*, p. 4). Existe una parte del cuadro somático —angina u otro— de la que no somos conscientes (sistema inconsciente), y otra parte que en algún momento nos permite «darnos cuenta» (sistema preconsciente) de cuáles han sido las causas o razones o relaciones que han entrado en juego para desarrollar ese cuadro.

Aunque todavía desconocemos el porqué, sabemos que muchos conflictos «amorosos» o «eróticos» (de Eros, dios del amor) o afectivos intensos, al no resolverse, provocan una angina. El médico alemán Viktor von Weizsäcker relata el caso de una joven de treinta años a la que le habían extirpado los ovarios. Tiempo después conoció a un muchacho del que se enamoró casi de inmediato; entonces entró en un serio conflicto, entre su amor y el hecho de que nunca podría darle hijos de forma natural. Al día siguiente de este encuentro y de esta reflexión, desarrolló una fuerte angina que llegó a afectarle hasta el riñón.

Hay conflictos que no son fáciles de resolver. Ante ellos se hace necesario pedir ayuda porque, si no se resuelven a tiempo, podrían afectar nuestro cuerpo o llegar a lesionar algún órgano.

«(¡Oh alma!, ¿adónde vas? / ¿adónde vas con las tinieblas y la luz como dos alas abiertas para el vuelo?) / Estatua del azul: yo no puedo volver. / Me exiliaste de ti para que consumiera tu lado tenebroso. / Y aún tengo las dos cosas con que rodé hasta aquí, igual que una moneda» (Olga Orozco, «La caída»).

Algunos investigadores de las enfermedades psicosomáticas y auto-destructivas señalan que muchas de las personas que las padecen se caracterizan por tener:

- dificultad para expresar o describir sentimientos;
- tendencia a la acción frente a situaciones conflictivas;
- escasa capacidad para la introspección;
- pobre capacidad para fantasear;
- dificultad para definir su percepción de las sensaciones corporales.

Estos signos y problemas conforman una entidad denominada **alexitimia**, que no es en sí una enfermedad, sino un cuadro o estado psíquico (Roberto E. Sivak, «Corporalidad y psicosomática. Alexitimia y categorías fenomenológicas», en María Lucrecia Rovaletti, 1996, p. 41).

Estas características psicológicas, llamadas también «estructuras vinculares alexitimizantes», indican una dificultad en la exteriorización de los afectos y, por tanto, una propensión al padecimiento corporal o enfermedad psicosomática (Pedro J. Boschan, «Pensar lo psicosomático desde el psicoanálisis», 2005).

Un investigador francés de la psicosomática, Pierre Marty, agrega a lo anterior que los pacientes psicosomáticos no tienen capacidad de simbolización y, al no poder entonces procesar estímulos internos y externos, han perdido la visión de su mundo interior. Se han perdido.

«Aquella larga enfermedad, mi vida» (Giacomo Leopardi).

Capítulo 4
El factor genético

En el Capítulo 1 he dicho una breve descripción de la estructura celular. He señalado que en el interior del núcleo están los cromosomas, compuestos por cadenas o hebras de ADN, y que estas hebras están divididas en pequeños segmentos llamados genes. Aquí llegamos. El gen está aquí.

En cada célula existen 46 cromosomas. Cada cromosoma está formado por una sola y larga molécula de ADN, que tiene aspecto de doble hélice. Cada gen se localiza en un locus o sitio particular del cromosoma.

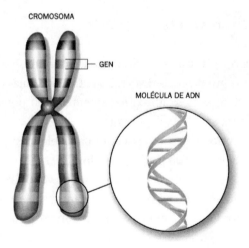

Según el doctor Alberto Juan Solari, no es posible precisar con exactitud el número de genes que contiene el genoma humano, pero podría adelantarse que la cifra más probable es de 70.000 genes, distribuidos en los 46 cromosomas.

En las moléculas de ADN se halla depositada la información genética. El gen es la parte del ADN que contiene la información necesaria para ser transmitida a la descendencia. Aquí está la clásica herencia biológica, que es la transmisión de ambos padres a los hijos de la información genética codificada en el ADN.

Algo importante: «Existe una probabilidad muy significativa de que cada molécula de ADN conserve su integridad y sea transferida como tal a uno de los hijos. Se denomina "ligamiento" a la propiedad o tendencia que tienen los genes que se hallan en el mismo cromosoma de permanecer juntos en el paso de una generación a la siguiente» (Alberto J. Solari, 1999, p. 149). Pero esa tendencia no siempre se verifica.

«Mis padres me engendraron para el juego / arriesgado y hermoso de la vida, / para la tierra, el agua, el aire, el fuego. / Los defraudé. No fui feliz. Cumplida / no fue su joven voluntad» (Jorge Luis Borges, «El remordimiento»).

La escuela de los genes

En una descripción un tanto fantasiosa, podríamos comparar una célula con una gran escuela. Esta escuela tiene 46 aulas a las que concurren 70.000 alumnos; aproximadamente 1.500 por aula. Es bastante, ¿no?

Estos alumnos vienen a clase con batas blancas; pero, dado su número, sería demasiado pedir que todos trajeran sus batas impecables. Entre ellos habrá muchos juiciosos, que vendrán con sus batas en buen estado. Pero otros, díscolos y bromistas, llegarán a clase con una manga perdida (deleción); o con una manga que le quitaron a otro alumno (duplicación); o se intercambiarán las dos mangas con un compañero (translocación). Así, nos encontraremos con distintas variantes que pertenecen al campo de las alteraciones genéticas.

La trisomía del cromosoma 21 es un ejemplo de translocación. Dos cromosomas diferentes, que se han fracturado, se intercambian segmentos. Parece que todo ha quedado «arreglado», pero no es así. Este intercambio trae el llamado síndrome de Down, que es «la anomalía cromosómica más frecuente, ya que su incidencia es de 1 cada 700 nacidos vivos en todas las razas, sin distinción del ambiente geográfico o de la clase social» (Solari, *op. cit.*, p. 283). Pero el síndrome de Down no es, en rigor, una enfermedad del cuerpo.

La genética es una orientación apasionante, pero no todas las alteraciones genéticas afectan al cuerpo, ni todas las enfermedades del cuerpo son de origen genético. No obstante, hay algunas de las que podemos decir con seguridad que los genes intervienen en su producción.

ENFERMEDADES GENÉTICAS

A continuación mencionaré **algunas** (no todas) de estas enfermedades del cuerpo en cuyo origen está claramente una alteración genética.

ENFERMEDAD	NÚMERO DE PERSONAS QUE AFECTA
Fibrosis quística	1 en 2.500
Neurofibromatosis tipo 1	1 en 3.000
Distrofia muscular de Duchenne	1 en 3.500 (únicamente varones)
Retinitis pigmentaria	1 en 5.000
Síndrome de Marfan	1 en 5.000
Poliposis adenomatosa familiar	1 en 8.000
Poliquistosis renal	1 en 10.000
Neurofibromatosis tipo 2	1 en 10.000

ENFERMEDAD	NÚMERO DE PERSONAS QUE AFECTA
Hemofilia A y hemofilia B	1 en 10.000 (únicamente varones)
Enfermedad de Huntington (Corea)	1 en 20.000
Enfermedad de Wilson (degeneración hepato-lenticular)	1 en 30.000
Enfermedad de Von Hippel-Lindau	1 en 30.000
Retinoblastoma	1 en 30.000
Acondroplasia	1 en 30.000
Albinismo oculocutáneo	1 en 40.000
Esclerosis lateral amiotrófica o enfermedad familiar de neurona motora	1 en 50.000
Agammaglobulinemia	1 en 100.000
Leucemia mieloide crónica	Variable según la edad
Leucemias (no todas; en algunas se habla solamente de una «predisposición genética»)	Variable según el tipo
Porfirio /	Sin estadísticas concluyentes
(Tomado parcialmente de Timothy M. Cox y John Sinclair, *Biología molecular en medicina*)	

Algunas de estas enfermedades genéticas, como ciertas formas de albinismo, no representan un riesgo serio.

Por el contrario, otras son graves y acortan la vida notablemente. Así, por ejemplo, la fibrosis quística suele iniciarse ya en la lactancia o en la infancia, y lleva a una muerte prematura. Por su parte, la distrofia muscular de Duchenne afecta a varones con una acentuada debilidad muscular, por lo que a los doce años el paciente ya casi no puede caminar y generalmente fallece antes de los veinte años (Cox y Sinclair, *op. cit.*, p. 116).

Otras alteraciones genéticas ocasionan la muerte del embrión durante el embarazo y provocan abortos espontáneos o causan la muerte del bebé al nacer o en los primeros días de vida.

Estas enfermedades genéticas graves son difíciles de curar. El futuro de su tratamiento se halla en manos de la ingeniería genética, que podría llegar a reemplazar el gen defectuoso por otro normal o menos «díscolo». Esto es lo que se hace con el llamado ADN recombinante (Anderson W. French y Elaine G. Diacumakos, 1981, pp. 46-57).

La ingeniería genética, que hoy experimenta con animales, en un futuro podrá aplicar en los seres humanos lo que se conoce como terapia génica. Tema por lo demás difícil y complejo, que inevitablemente obligará a resolver arduos problemas éticos.

El mapa tan temido

Antes de abandonar la «escuela» de los genes, vale incluir aquí unas líneas sobre el Proyecto Genoma Humano. Se trata de un proyecto ambicioso a través del cual se intentará realizar una secuencia de todas las moléculas del ADN humano. Esto permitirá construir mapas genéticos: una especie de Veraz (el listado de deudores que los bancos consultan antes de dar un crédito) de los genes de cada persona. Nadie niega su importancia futura —por ejemplo, para la terapia génica somática que he mencionado—, pero sabemos que en nuestro cuerpo siempre habrá «alumnos» dispuestos a aprovechar un descuido para «salirse de la fila». El ser humano no es perfecto ni siquiera en sus genes.

En una ocasión consulté a una doctora especialista en genética acerca de un paciente que tenía el cromosoma Filadelfia. (Como resultado de un intercambio recíproco entre el cromosoma 9 y el cromosoma 22, este último queda más pequeño y recibe la denominación de «cromosoma Filadelfia».) En un momento dado de la charla, ingenuamente le pregunté: «Doctora, estaría bien hacerse un mapa genético, ¿no?». Su respuesta fue instantánea: «Ni loca, doctor; si lo hiciera no podría dormir tranquila ninguna de las noches de mi vida». Y es cierto. Después de pensarlo, comparto la opinión de la colega.

Esto de ningún modo significa que la presencia de genes «díscolos» conduzca siempre y de manera inexorable al desarrollo de alguna enfermedad del cuerpo. Para que ello ocurra deben darse, además, otras condiciones (*véase* «Los materiales y el medio»).

LA ERA DEL GEN

Numerosas enfermedades del cuerpo o enfermedades orgánicas se encuentran en estudio en cuanto a la determinación del factor genético en su producción. Tal vez en muchas de ellas nunca se logre ubicar este factor, ya sea porque no exista o porque no resulte relevante.

Debemos estar prevenidos contra la tendencia médica actual de adjudicar casi todos los males a los genes. La tentación de hacerlo es grande porque, como la existencia de los genes en nuestro interior es innegable, siempre podemos «apoyarnos» en ellos cuando nos faltan razones o evidencias. Están, como se dice, a la mano.

Esa tendencia entraña el peligro de que la medicina, respaldada así en los genes, pierda años, y con ellos también vidas humanas, tomando caminos que acaben en un callejón sin salida.

Al escribir esto reconozco que tal riesgo es inevitable, pues la historia de la medicina y de las ciencias nos muestra cómo la investigación —por el adelanto o descubrimiento de algún producto tecnológico o científico o por otras razones— se vuelca en determinados períodos en uno o dos temas principales.

Insisto en señalar que no todas las enfermedades del cuerpo o psicosomáticas están producidas por los genes. Si bien desde los últimos años del siglo pasado y en los que van de éste la genética se ha desarrollado enormemente y ha pasado a ser el centro de la actividad médica, es preciso ser cautos con respecto al avance de esta especialidad en la curación de las enfermedades orgánicas.

Pero, en fin, ¿cómo salir de aquí, si estamos en la era genética? En el momento del gran auge de la genética. El tiempo de los genes. Este auge de los genes es el paradigma científico o médico de nuestra época.

La teoría heliocéntrica de Copérnico (*véase* el recuadro de la página siguiente) es un paradigma en el campo de la astronomía. De manera semejante, la teoría del papel decisivo de los genes en la producción de las enfermedades es un paradigma en el campo de la medicina. El paradigma de la ciencia médica de hoy. Ahora todo es genes y parece que casi todas las enfermedades son producidas por genes; así lo suponen o lo imaginan los médicos.

¿Quién no ha tenido en su familia alguna persona con diabetes, con hipertensión y aun con cáncer? ¿Quién no ha escuchado la clásica pregunta y la rápida respuesta que encabezan el repertorio de los profesionales?

—Usted está hipertenso. ¿Tiene en su familia alguien que haya padecido presión alta?

—A ver, doctor... ¡Ah, sí! Ahora recuerdo que un hermano de mi madre...

—Bueno, bueno, entonces por allí viene el origen. Va a tener que seguir este tratamiento de por vida.

Este diálogo, tan simple y común, resulta desorientador. Porque todo queda atribuido a los genes y a una herencia supuesta, nunca comprobable en realidad. Es una suposición que el médico realiza, producto del paradigma médico de su tiempo, que lo condiciona a pensar de determinada manera, pero también producto de su propia imaginación.

«Todo lo tuyo está en mí / Todo / Menos yo» (Luis Houlin, «A mi padre»).

Distintos paradigmas

Un paradigma es un sistema de teorías, ideas y creencias que surgen por épocas en el mundo y particularmente en los campos de la ciencia y de la investigación científica (Thomas S. Kuhn, 1980, p. 34).

Durante centurias el mundo aceptó la idea de que la Tierra era el centro del universo y que en torno a ella giraban el Sol, la Luna y los planetas. Esta teoría geocéntrica (*geo* = tierra) había sido formulada por Ptolomeo, un astrónomo y matemático griego-egipcio, en el año 120 de nuestra era.

Pero entre 1530 y 1539 —en pleno Renacimiento— apareció otro astrónomo, Copérnico, con su teoría de que el centro del universo era el Sol, y no la Tierra. Según esta teoría heliocéntrica (*helios* = sol), la Tierra y los demás planetas giraban alrededor del Sol.

Esta teoría de Copérnico, que «desplazaba» a la Tierra de su posición tradicional, desplazó asimismo al *Almagesto* de Ptolomeo, que hasta entonces había sido considerado como la representación perfecta del sistema del universo.

Las ideas de Copérnico desencadenaron la revolución intelectual de los tiempos modernos (revolución copernicana). Con ellas surgió un nuevo paradigma, que es el que se mantiene hasta hoy.

El viejo paradigma, basado en la teoría de Ptolomeo, ocupó 1.400 años. El actual paradigma copernicano, en cambio, aún no ha cumplido 500 años.

Los materiales y el medio

Hace ya varias décadas, un profesor y catedrático estadounidense, pionero de la genética en animales, explicaba al mundo que la marcha de una maquinaria (un automóvil u otra) depende de su organización interna y de los materiales con que está hecha. El funcionamiento —decía— dependerá también de la manera en que esos materiales se manipulen y traten, no sólo en la fábrica, sino también por parte de los conductores que guíen esas máquinas. Los organismos, como el de los seres humanos, poseen también elementos cuasi «materiales»: los genes, que forman su estructura básica. Pero estas estructuras genéticas no sólo dependen de los materiales que las componen; dependen también de la manera en que se traten esos materiales y de las condiciones a que se los someta (H. S. Jennings, 1941, p. 17).

Es por ello que para comprender las causas de las enfermedades del cuerpo o enfermedades psicosomáticas no es suficiente el conocimiento de los materiales de la genética y los materiales de la herencia; se deben estudiar y comprender además los componentes del medio en que se desarrollan, porque los componentes de este medio interactúan con los materiales genéticos.

Así, la estructura de la personalidad, las reacciones del ser humano que evidencian su carácter, el aprendizaje, la educación que provee la sociedad, la experiencia, son componentes o ingredientes del medio.

No podemos limitarnos a encerrar las enfermedades del cuerpo o psicosomáticas en el baúl de la genética y de la herencia «obligada». Debemos, inevitablemente, considerar el medio. Porque esos materiales internos que llamamos genes están sometidos a condiciones externas (medio) y aun internas (personalidad).

El medio externo actúa sobre una personalidad, que es otro medio, y éste sobre los materiales. Las influencias y sus consecuencias son conjuntos distintos, y es de buena medicina el tenerlos en cuenta.

Otro pionero de los estudios genéticos, médico y doctor en Ciencias Naturales, decía hace ya un tiempo que «en realidad, la genética de algunos genetistas es, ciertamente, una biología sin vida» (Mario F. Canella, 1940, p. 88).

Vuelvo a leer ahora un excelente artículo de la doctora Patricia Kaminker, genetista, sobre la epigenética; nos dice que es la «rama de la biología que estudia la interacción causal entre los genes y sus productos, de los cuales emerge el fenotipo final» (Patricia Kaminker, 2007, pp. 529-531). Poco antes de finalizar su escrito, nos ilustra con estos claros conceptos: «Estamos empezando a pensar menos en términos de secuencias de genes y más en términos de cómo se comportan estos genes en el contexto de su ambiente». Y agrega: «El entendimiento de estos factores podría revolucionar el enfoque de la biología evolutiva y del desarrollo; y su aplicación a las ciencias médicas determinará sin duda un nuevo abordaje a los conceptos de salud y enfermedad, con una mejor comprensión del "diálogo" entre genes y medio ambiente, sentando las bases para nuevas terapéuticas que dejarán atrás obsoletas antinomias...» (Kaminker, *op. cit.*, p. 531).

UNA TAREA EN TRES CAMPOS

Un material genético determinado podría llegar a librarse de la «predestinación» genética incluida en su medio si se pudiera equilibrar y estabilizar ese medio. Porque una de las formas en que puede iniciarse una enfermedad por autodestrucción o enfermedad psicosomática es, justamente, la alteración del medio.

El medio en que el ser humano se desenvuelve no es sólo el medio externo, sino también su personalidad, ese medio interno compuesto por sus ideas y sus pensamientos, por sus sentimientos, acciones y reacciones. Esto corresponde a los campos de la sociología, de la educación y de la psicología.

La sociología deberá internarse en el espíritu de una sociedad dominada por la globalización y el desaliento, lanzada a una búsqueda errática e incierta de caminos con proyectos mesiánicos. Tendrá que ocuparse de reponer la razón y los sentidos en el terreno donde se juegue también el interés colectivo.

La educación deberá revisar, ajustar y reponer el lugar de la verdad, de la ética y la moral, junto a lo solidario, en el centro de los programas educativos.

En cuanto a la psicología, tiene aquí uno de los desafíos actuales: desentrañar el medio interno, el de la personalidad, para lograr estabilizar y equilibrar sobre nuevas bases una estructura o armazón genético.

Esto no es una utopía. Es el camino señalado para iniciar una lucha, otra lucha, más actual, más presente y real, pero también más técnica, donde podamos estar frente a frente, casi en diálogo, con aquellos materiales heredados, que parecen observarnos silenciosos e inmodificables.

«Si no creyera en la balanza, / en la razón del equilibrio, / si no creyera en el delirio, / si no creyera en la esperanza, / si no creyera en lo que agencio, / si no creyera en mi camino, / si no creyera en mi sonido, / si no creyera en mi silencio, / ¿qué cosa fuera, / qué cosa fuera la maza sin cantera?» (Silvio Rodríguez, «La maza»).

Capítulo 5
Las enfermedades autoinmunes

Las enfermedades por autoinmunidad, aunque no están consideradas por la medicina como psicosomáticas o autodestructivas, lo son en su mayoría, y por eso tienen su espacio en este libro.

Si observamos el conjunto de las enfermedades psicosomáticas o por autodestrucción, encontramos que:

- Existen enfermedades del cuerpo en cuyo origen interviene, de manera evidente, un componente psicológico (en este término incluyo siempre situaciones y estados anímicos y emocionales). Entre ellas están la úlcera gastroduodenal, el asma bronquial, la colitis ulcerosa, la hipertensión arterial (no todos los casos), y casi todas han sido reconocidas por la medicina clásica como psicosomáticas. El ingrediente psíquico o anímico —con predominio de la ansiedad, evidente o no— también resulta manifiesto en síntomas o padecimientos tales como náuseas, mareos, inestabilidad, desasosiego, cefaleas, eczemas, colon irritable y muchas afecciones de la piel (eritemas, pruritos, rosácea, dermatitis, etc.).
- En ciertas enfermedades del cuerpo se destaca la presencia de elementos genéticos; no obstante, junto con ellos existe un componente emocional que tiene considerable participación en el desarrollo y «acompañamiento» de la enfermedad y también, más de una vez, en su producción. He mencionado algunas en el Capítulo 4.

- Hay un grupo de enfermedades del cuerpo a las que la clínica médica les niega un origen netamente psicológico, si bien desde hace un tiempo admite la posibilidad de que estén vinculadas con factores psicológicos. No están producidas por bacterias, ni por hongos, ni por virus, ni por genes. Se denominan «autoinmunes».

UNA LISTA INCOMPLETA

El *Manual Merck de diagnóstico y tratamiento* ya ha celebrado su 100º aniversario, y resulta interesante y sugestivo el hecho de que en cada edición agrega más enfermedades autoinmunes. Bajo expresiones tales como «trastornos con un posible origen autoinmunitario», enumera:

- como **muy probables:** tiroiditis, lupus eritematoso, anemia hemolítica autoinmunitaria, púrpura trombocitopénica autoinmunitaria;
- como **probables:** artritis reumatoidea, enfermedad mixta del tejido conjuntivo, anemia perniciosa, infertilidad (algunos casos), glomerulonefritis, diabetes mellitus (algunas);
- como **posibles:** hepatitis crónica activa, insuficiencia de glándulas endocrinas, vitíligo, vasculitis, dermatitis atópica, asma (algunos casos), otras enfermedades inflamatorias, degenerativas y atróficas.

Todas esas enfermedades figuran así en el *Manual Merck* (1999, p. 1.068). Pero quedan fuera de su lista otras como menopausia prematura (algunos casos), diabetes juvenil, esclerosis múltiple, leucopenia idiopática, colitis ulcerosa, dermatomiositis, esclerodermia, polineuropatías desmielinizantes (no todas), osteoartritis degenerativa, psoriasis.

Tampoco aparecen en la lista la **enfermedad de Alzheimer** (no todos los casos) ni el **cáncer** (no todos). Ahora los incorporo bajo mi responsabilidad.

He agregado aquí el cáncer. Sí, precisamente el cáncer. No hay error en esta inclusión. Y no falta mucho para que los cánceres, en su mayor parte (no todos), se ubiquen entre las enfermedades autoinmunes. En el futuro, el cáncer entrará en el salón de las enfermedades por autoinmunidad.

Todas las enfermedades que he nombrado, incluidas o no en el clásico *Manual Merck*, tienen una alta carga de **conflictos internos serios no resueltos**. Son todas enfermedades con un **alto compromiso emocional** previo a su descubrimiento. Sería oportuno releer la historia de Gerardo, cuya glomerulonefritis está considerada como una enfermedad autoinmune.

AUTOINMUNIDAD = AUTODESTRUCCIÓN

La enfermedad autoinmune es estudiada por una disciplina o especialidad: la psiconeuroinmunoendocrinología, que es «la rama de la medicina que tiene por objeto el estudio de la interrelación entre los cuatro sistemas de control que tiene el organismo humano: 1. psicológico; 2. neurológico; 3. inmunológico; 4. endocrinológico» (María C. Volmer, 2000, p. 7).

Dadas las características de este libro, no describiré en detalle los mecanismos íntimos —que involucran todo el complejo de células y sustancias relacionadas con la inmunidad: linfocitos T, células T helper, inmunoglobulinas, células B, células NK, etc.— que llevan a que el organismo reaccione contra sí mismo.

Pero sí aclararé que «autoinmunidad» significa eso: que el organismo se ataca a sí mismo; vale decir, ¡autodestrucción! Ciertas células se visten con ropas extrañas; entonces el organismo no las reconoce y las ataca.

Un hombre exitoso decide organizar una fiesta para agasajar a todos sus amigos, que a lo largo de los años lo han ayudado y estimulado. Como son numerosos, alquila un gran salón donde puedan caber todos. Han sido y son amigos verdaderamente muy queridos y reconocidos.

Vinos excelentes, comidas deliciosas, charlas amenas y risas. Es una gran fiesta. Todos han acudido a la cita y casi espontáneamente se han dividido en grupos alrededor de las mesas distribuidas por todo el salón.

El anfitrión ha contratado, aparte del servicio, a unos cuantos agentes de seguridad de empresas que siempre han trabajado con él; no son muchos, pero sí los suficientes para evitar que entren quienes no han sido invitados. Así, todos los presentes tienen su invitación y han entrado a la fiesta con ella.

Al cabo de unas horas, ocurre un suceso inexplicable y desconcertante. En una mesa que no ha sido bien iluminada en toda la noche, los invitados sufren una transformación: hablan menos, ríen poco y comen con excesiva lentitud. Pero lo más extraño es que sus ropas se han oscurecido; sus cabellos brillan y se aprietan contra la cabeza y el rostro; sus ojos y sus labios se han agrandado; su piel ha tomado un tono verde azulado. Ciertamente, su aspecto llama la atención. Es una mesa atípica y muy rara esta mesa X.

¿Qué ha sucedido? Bueno, evidentemente estos invitados, que hasta ese momento no habían hecho nada improcedente ni malo, se han transformado en «extraños».

Los guardias de seguridad de la empresa T perciben claramente este cambio y dan la alerta a los compañeros de las otras agencias B y NK y a algunos invitados. Despacio, y tratando de no interrumpir la fiesta —¡la fiesta debe continuar!—, se van aproximando a la mesa de los «extraños» para rodearlos y, tal vez, echarlos (no lo sabemos con exactitud). Lo cierto es que desconfían de ellos por su aspecto.

Otros grupos de invitados han advertido esta situación sin saber bien de qué se trata. La fiesta sigue, pero, está claro, ya no con tanta algarabía ni bullicio. Sigue, pero algo ha cambiado.

¿Qué pasó? ¿Por qué esa transformación? ¿De qué hablaban estos ahora «extraños» cuando la sufrieron? ¿Qué es lo que ha hecho que cambiaran su aspecto y su actitud? ¿Algunas oscuras emociones, quizá? La respuesta es un signo de interrogación. No lo sabemos todavía. Es todo un enigma por desentrañar.

Si bien esta historia es verídica, ha sido modificada para evitar «cualquier semejanza con la realidad». Esas personas transformadas se han convertido en antígenos.* Son antígenos endógenos, porque han surgido del grupo de reconocidos amigos. No son, entonces, antígenos exógenos, como lo sería una pandilla de malvivientes que irrumpiera sin invitación. Los agentes de seguridad y los pocos invitados que se han acercado a esa mesa X son los anticuerpos** que surgen de la misma reunión, del mismo cuerpo de amigos.

Ahora tenemos descrita la enfermedad autoinmune. Enfermedad que puede quedar limitada solamente a esa mesa X, o sea a ese órgano (riñón, tiroides, mama, etc.). Pero que también puede no limitarse a esa mesa X y afectar a toda la reunión, que se ha alterado bastante. En el primer caso se la llama «órgano-específica» (por ejemplo: glomerulonefritis); en el segundo caso se denomina «no órgano-específica» (por ejemplo: artritis reumatoidea).

La fiesta, aun cuando continúa, ya no es la misma, porque en todas partes se han apagado las risas.

---

* Antígeno: sustancia cuya presencia en un organismo desencadena una reacción de defensa.

** Anticuerpo: sustancia que produce un organismo para defenderse de un antígeno.

Sea como fuere, las enfermedades por autoinmunidad tienen un alto compromiso emocional. Sí. Un alto compromiso emocional.

La transformación de ese núcleo de personas de la fiesta, en la mesa X, ha sido producto de algo emocional o psíquico; algo que ha oscurecido y transformado las ropas y el cabello, el rostro y los gestos de esos invitados. ¿Qué ha sido? Lo desconocemos. Tenemos que investigarlo. Estamos en eso; faltan varias horas para que finalice esta reunión... sólo que no sabemos si podremos hacerlo antes de que termine o si la fiesta se interrumpirá antes. Lo que sí sabemos es que, de manera bastante similar a la reacción de los agentes de seguridad y de algunos invitados que se dirigieron hacia la mesa X, emerge la enfermedad del cuerpo o psicosomática.

Por esa razón, siempre es mejor prevenir que curar una enfermedad autoinmune, cuando esto es posible. Otras veces no puede prevenirse.

Viene a mi recuerdo Ramón, un primo mayor que cumplió en mi pasado el rol de padre. Cuando mis estudios me lo permitían, iba a visitarlo a Mar del Plata, donde vivía con su esposa —mi madrina— y su hijo.

Ramón trabajaba desde joven como viajante. Finalmente, una compañía de pinturas lo destinó a esa ciudad balnearia y le asignó una zona amplia. Su radio era muy grande y su responsabilidad también, acorde con su experiencia y dedicación.

Tiempo después recibió, desde Buenos Aires, un telegrama de un íntimo amigo que había sido nombrado gerente de esa empresa de pinturas. Le hacía saber que le quitaba la mayor parte de su zona. Ramón, sorprendido, lo llamó; y este «amigo» no sólo le confirmó la novedad sino que, con poca cordialidad, le dijo que él mismo había tomado la decisión y no quedaba otra alternativa que cumplirla. Yo estaba allí en ese momento. Ramón sólo atinó a decirle: «¿Y justo tú me haces esto?». Su aflicción era profunda, no tanto por el aspecto económico, sino porque este «amigo» de toda la vida, Norberto C., lo había defraudado.

A las tres semanas de este hecho, mientras Ramón se dispone a escribir las notas de venta del día, siente que la vista se le nubla y que su pulso y su estabilidad se alteran. Consultas médicas, estudios, etc., hasta que le diagnostican una esclerosis en placas, enfermedad que se considera autoinmune.

¿Cómo prevenir algo así? A veces se nos hace muy difícil tomar medidas para protegernos de una tormenta. ¿Estamos preparados para un huracán, un terremoto, un tsunami, una inundación, un tifón?

Ahora el tifón ha dejado sus marcas. Del mismo modo se produce la enfermedad psicosomática. Ella ha dejado sus señales en la piel, en algunos órganos; en algún órgano que ha sido el destinatario de un movimiento poco previsible y poco controlado.

Tres claves de la prevención

¿Qué hacer, entonces, para prevenir una enfermedad de este tipo?

En primer lugar, estar mejor preparados para **defendernos interiormente**; esto significa alcanzar mayor estabilidad y seguridad en nuestro Yo interior. Para ello debemos mantener firmes las patas de nuestro Centauro, de las que he hablado en el Capítulo 3. Aunque no haya tratado el tema de manera muy extensa, quiero destacar que es realmente importante. Cuidar esas cuatro patas es un excelente recurso para prevenir la enfermedad. Invariablemente.

En segundo lugar, poder **expresarnos**, expresar lo que nos sucede, lo que deseamos, lo que buscamos. Y saber hacerlo, porque expresarnos no es contarle al vecino lo que nos pasa, sino poder sentir y recrear nuestras vivencias, que nos impulsarán a luchar contra la negatividad y el vacío. Al tiempo que reconocemos esas vivencias, es bueno que podamos hacer también nuestra autocrítica. Tener siempre activa y encendida nuestra autocrítica es el otro lado o, mejor, la otra forma de la expresividad.

En tercer lugar, **proyectarnos hacia nuestros sueños.** Los sueños son nuestros proyectos, que se gestan y nacen en nuestro ser. Nuestros proyectos son los sueños, nuestros sueños. Sin proyectos, sin sueños, no hay caminos. Y sin caminos, no hay vida; hay autodestrucción.

El escritor argentino Enrique González Tuñón, en su libro *La calle de los sueños perdidos*, nos invita a crear esa calle para transitar por ella.

Si alguien pierde un objeto de valor —un reloj, un anillo, un collar, una pulsera—, puede ir a un mercadillo y quizá, con un poco de suerte, encontrar allí lo que dio por perdido. Eso está dentro de lo posible, porque en un mercadillo hay objetos de todo tipo.

Pero si uno pierde un sueño, no tiene ninguna posibilidad de recuperarlo, porque no existe ningún mercadillo para ello. Por eso Enrique González Tuñón propone la creación de una calle donde podamos encontrar aquellos sueños que perdimos, o que alguien nos quitó o nos impidió realizar, o que se desvanecieron, o que no pudimos concretar.

Esa calle será, entonces, el lugar donde podremos recuperar nuestros sueños, proyectarnos y así poner en marcha nuestra vida y nuestro cuerpo. Será, también, una vía para reencontrarnos con nosotros mismos, con nuestra infancia, con nuestra adolescencia, con nuestro ayer, con nuestro interior y con todo lo que pasamos de largo sin poder vivirlo.

Capítulo 6
El potencial enfermante del estrés

Hay trastornos o padecimientos que, sin ser estrictamente enfermedades, ponen al cuerpo en peligro de enfermar. Cuando se prolongan y se suman a otras condiciones, se convierten en potenciales productores de enfermedades psicosomáticas o autodestructivas. Uno de estos cuadros es el estrés, al que dedico este capítulo justamente con la finalidad de explicar su capacidad enfermante.

El problema del estrés radica en el riesgo de que afecte o dañe ciertos órganos que toma como blancos; por ejemplo, el corazón o los riñones. Otras veces eleva la presión arterial. Otras, incrementa la conducción nerviosa y produce irritabilidad, con sus secuelas en las articulaciones y en los músculos (artritis, dolores musculares, cefaleas, lumbalgias, etc.).

El **estrés** suele confundirse con la **tensión**, pero entre ellos existen diferencias. Aun cuando la palabra inglesa *stress* se traduzca como «tensión», estrés no es lo mismo que tensión. La tensión es una **actitud de alerta inmediata**. El estrés es una **reacción de todo el organismo**; una reacción que se va instalando con el tiempo.

Estos caminos muestran la manera en que se llega a producir la enfermedad corporal.

«No quise preguntarme si te habían herido, / tampoco saber si era nuevo el camino. / Pensé por un momento que esa nube en tus ojos / era adiós repetido. / No supe ver que estabas en el límite aquel, / en el extremo del dolor y de tu esfuerzo; / sin saber qué decirte, no podía acercarte. / Habías destinado más de toda tu fuerza / a unos rostros ajenos, a una vida alejada, / a un mañana disperso, a una nube sin alas» (Fulvia A. Barrionuevo, «Nuestro patio»).

Los caminos hacia la enfermedad

El estrés es un modo y un modelo del potencial enfermante, esto es, el poder de producir enfermedades corporales. Es un modo y un modelo porque de su estudio podemos sacar conclusiones acerca de cómo se cumple el proceso de toda enfermedad psicosomática o autodestructiva.

Cuando se prolonga excesivamente, y sólo cuando se prolonga, el estrés puede llegar a enfermar por varios caminos. Esos caminos son:

- El **agotamiento** de una respuesta inicialmente útil. Por ejemplo, es habitual que, a causa del estrés repetido, las personas que usan mucho las manos, como los cocineros o las costureras, desarrollen problemas artríticos y cambios degenerativos.
- La **fatiga** de un grupo de células y tejidos de un órgano.
- Una **carga libidinal** o fuerza interna que se dirige al grupo celular de un órgano determinado. Carga libidinal podría asemejarse a carga energética. «La libido es la energía motriz de los impulsos vitales» (Norbert Sillamy, 1969, p. 184).
- La **regresión** del órgano «designado» a ciertos estados anteriores, más primitivos, porque «aquello que alguna vez ha proporcionado satisfacción no se olvida nunca» (Eric D. Wittkower y R. A. Cleghorn, 1966, p. 257).

La tensión

La tensión es la puesta en marcha de una actitud expectante y vigilante frente a situaciones del mundo externo (de ese sector del campo psicosomático que, como hemos visto en el Capítulo 1, comprende lo familiar, lo social y lo cultural) que nos inquietan, pero no son peligrosas. Aparece de manera casi instantánea y esto —entre otros elementos— la diferencia del estrés.

El estado de tensión es la actitud de «estar preparados», como en aquellos juegos en que se les dice a los niños: «¡Preparados! ¡Listos! ¡Ya!». Es un estado que muchas veces no podemos eludir y que resulta necesario, porque debemos «estar preparados» para atender, solucionar, responder y participar en acontecimientos en los que nos hallamos comprometidos.

La tensión es inevitable cuando nos encontramos ante un examen o concurrimos a una entrevista laboral o participamos en una competición deportiva importante. También cuando vivimos sucesos familiares altamente emotivos (nacimientos, accidentes, fallecimientos), cuando nos disponemos a mudarnos de casa, cuando se nos presenta un problema de cierta magnitud, cuando se acerca un vencimiento y no «llegamos» con el dinero, cuando nos citan a declarar ante un tribunal, etc.

Efectos de la tensión

La tensión carece de la potencia y propiedad para enfermarnos verdaderamente, aun cuando podemos observar sus efectos en nuestro cuerpo.

A veces notamos transpiración, aceleración del pulso, sequedad bucal, esfínteres contraídos, todo lo que se llama hipertonía del simpático (sistema nervioso neurovegetativo simpático).

En otras ocasiones, por el contrario, aparece un pulso lento, tal vez con tendencia al desvanecimiento; aumento de las secreciones salival y bronquial y relajamiento de esfínteres, con cólicos y hasta deseos de ir al baño, todo lo que se conoce como hipertonía del parasimpático (sistema nervioso neurovegetativo parasimpático).

En este último caso, es oportuno recordar que la constitución vagotónica, descrita en el Capítulo 1, tiene síntomas semejantes a los que da el parasimpático. Una frase que viene de los exámenes asegura que «los vagos no son simpáticos» (tampoco lo era aquel médico «Vago» que he mencionado, porque se aislaba y casi no hablaba con nadie). Sirve para recordarnos que el nervio vago se opone siempre al simpático, de lo que resulta que es «amigo» del parasimpático y se parece bastante a él en sus efectos.

A los individuos que reaccionan a la tensión poniendo en marcha su sistema nervioso simpático se los denomina «sujetos simpaticotónicos». A los que reaccionan poniendo en marcha su sistema nervioso parasimpático se los llama «sujetos parasimpaticotónicos» o «vagotónicos». Cabe preguntarnos qué los inclina hacia una u otra reacción, pero no tenemos respuesta para esto. No lo sabemos todavía. Es un tema por investigar.

El sistema nervioso voluntario está activo de manera casi obligada en la tensión que, por tener un gran componente consciente, hace que los músculos de brazos y piernas, o de otras partes del cuerpo, estén de algún modo en alerta y con movimiento, aun cuando éste sea mínimo.

Además, la tensión produce descargas de hormonas: sustancias químicas que, liberadas por ciertas glándulas y volcadas en la sangre, circulan por todo el organismo y actúan sobre órganos y tejidos. La hipertonía del simpático libera adrenalina (cuando se le dice a un deportista «ponle adrenalina», se le está diciendo que estimule el simpático, aunque esto no es fácil, pues se trata de un sistema involuntario). La hipertonía del parasimpático libera pilocarpina.

Después de observar detenidamente la tensión y sus efectos, no podemos afirmar que sea una enfermedad. Es sólo una actitud de alerta, de carácter imperioso y casi instantánea o muy rápida, que estimula los sistemas nerviosos y provoca en el organismo la liberación de hormonas. Por otra parte, el agente que la despierta no amenaza la integridad de la persona ni puede prolongarse en el tiempo.

En resumen, la tensión difícilmente puede causarnos una enfermedad psicosomática o autodestructiva; no es lo habitual. El camino hacia la enfermedad psicosomática queda reservado para el estrés.

El estrés

La palabra «estrés» viene de la inglesa *stress*, cuya traducción más frecuente es «tensión» o «esfuerzo»; también nos habla de «peso» y de «fuerza». Aquí justamente nace la confusión, ya que el término *stress*, introducido por Hans Selye (1964, p. 52), no tiene el significado propio de una tensión, sino el de una reacción.

Expresiones tales como «reacción de alarma» y «reacción de adaptación» son sinónimos de estrés. Veamos por qué.

Lo que inicia el estrés es la alarma que «suena» cuando un organismo se ve amenazado por algún desequilibrio, a causa de ciertos agentes que lo ponen en peligro de perder su homeostasis* o estabilidad interna. Ejemplos: un bombero durante un incendio, un policía durante un asalto, un médico o una enfermera mientras asisten a heridos o trabajan en salas de terapia intensiva, un abogado a lo largo de un juicio oral. En todas estas situaciones, si bien en un primer momento existe tensión, el hecho de que ésta se prolongue en el tiempo da lugar a una reacción más general y profunda en todo el organismo: una reacción de esfuerzo interno para adaptarse.

Nada de esto es privativo de las profesiones que he mencionado en los ejemplos. El trabajo contra reloj, con pesadas responsabilidades y dura competitividad, implica un sobreesfuerzo en cualquier oficio. Y todos tenemos que adaptarnos para poder desenvolvernos en el medio que nos rodea; muchas veces, ese medio dificulta nues-

---

* Homeostasis: nombre que dio el médico fisiólogo Walter Cannon a la tendencia general que tiene todo organismo a mantener constantes las condiciones de equilibrio de su medio orgánico; es decir, a permanecer sin variaciones en su interior.

tra adaptación y nos lleva al estrés. Esto resulta particularmente notorio en las grandes ciudades, donde el tráfico incesante, el ruido ensordecedor y los medios de transporte repletos de gente que viaja deprisa y con vértigo impregnan la vida cotidiana.

Estrés es, entonces, la **reacción de esfuerzo sostenido** que realiza nuestro organismo cuando se encuentra en riesgo de perder su estabilidad. Como esta reacción involucra a **todo el organismo**, existe la posibilidad de que en algún momento haga eclosión en el cuerpo, produciendo alteraciones e incluso lesiones muy serias. Claro que para ello deben darse, junto con el estrés, otras condiciones que posibiliten la aparición de la enfermedad psicosomática (*véase* el Capítulo 3).

AGENTES Y GRADOS DEL ESTRÉS

Cualquier agente que lleve al organismo a un sobreesfuerzo o límite extremo puede provocar estrés. Así, encontramos un abanico de sucesos que, por lo general, tienen una duración relativamente prolongada, en términos de tiempo cronológico, y que se clasifican en diversos tipos:

- físicos (traumatismo físico, condiciones climáticas extremas);
- químicos (toxinas, venenos);
- infecciosos (bacterias, virus);
- socio-ambientales (laborales, sociales, económicos, familiares).

Cuando la Asociación Americana de Psiquiatría (de Estados Unidos) pidió que en los exámenes psíquicos se consignara el grado de estrés, presentó como guía una lista que evaluaba su intensidad en una escala de 0 a 7, semejante a la de los seísmos. En la tabla agrupo algunos de los «agentes estresantes» que esa lista incluía.

GRADOS DE ESTRÉS	SITUACIONES
Grado 0	Sin evidencias de estrés.
Grado 1	Sin especificación de estrés.
Grado 2	Otorgamiento de un préstamo bancario.
Grado 3 (leve)	Inestabilidad laboral persistente.
Grado 4 (moderado)	Resultado negativo en un negocio. Radicación en otro país. Jubilación.
Grado 5 (intenso)	Enfermedad grave. Quiebra comercial. Emigración forzada.
Grado 6 (extremo)	Muerte del cónyuge. Muerte de un hijo. Ser tomado como rehén. Ser prisionero de guerra.
Grado 7 (catastrófico)	Inundación. Huracán o tifón. Terremoto.

(Tomado de American Psychiatric Association, *DSM Breviario III Criterios diagnósticos* - Manual Diagnóstico y Estadístico de los Trastornos Mentales.)

El grado 7 y algunos ejemplos de otros grados —en particular si son bruscos— se deben considerar cuadros de estrés postraumático (*véase* «El estrés postraumático»). Los doy a conocer sólo para destacar la variedad de las situaciones que suelen producir estrés en el ser humano.

ESTRÉS Y HORMONAS

El estrés, como he dicho, no se instala de manera repentina. Por el contrario, va produciendo a lo largo de varias horas una reacción en cadena, que desde el comienzo y progresivamente libera hormonas.

El estudio detallado de esa liberación de hormonas excede el marco que me he propuesto para este libro, por lo que sólo daré una idea general.

En el cerebro se hallan los llamados circuitos estriados. Son formaciones centroencefálicas subcorticales (se localizan debajo de la corteza cerebral) que constituyen un complejo «muy heterogéneo en su funcionamiento» (Henri Ey, 1976, p. 139). Por un lado cumplen una función regulatoria y estimulativa y, por otro, sirven como zona de integración de centros que están en todo el organismo (en el cuerpo).

Ejercen esas funciones a través de hormonas de un tipo específico: las aminas biógenas neurotransmisoras. Éstas actúan sobre ciertas glándulas (hipófisis, timo, etc.) que a su vez, también por medio de hormonas, actúan sobre tejidos, órganos y glándulas.

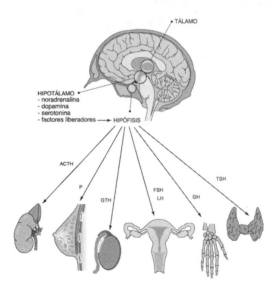

También las enzimas (neurotransmisores de otro tipo) actúan sobre diferentes glándulas y órganos.

Se sabe que hay una interacción entre muchos de los neurotransmisores. La zona del hipotálamo o límbico-hipotalámica produce, además de noradrenalina, dopamina y serotonina (*véase* la ilustración de la página anterior), «factores liberadores» que estimulan la hipófisis y hacen que esta glándula libere:

- ACTH (hormona adenocorticotrófica hipofisaria), que actúa sobre las glándulas suprarrenales;
- GH (hormona de crecimiento hipofisaria), que actúa sobre los tejidos y el metabolismo;
- GHT (gonadotrofina hipofisiaria), que actúa sobre los testículos, y FSH (hormona folículoestimulante), que actúa sobre los ovarios;
- P (prolactina hipofisaria), que actúa sobre las mamas;
- TSH (hormona estimulante tiroidea), que actúa sobre la tiroides.

Estimuladas por la ACTH, las glándulas suprarrenales liberan:

- adrenalina y noradrenalina (de la médula suprarrenal);
- aldosterona y desoxicorticosterona (de la corteza suprarrenal);
- corticosterona y cortisol (de la corteza suprarrenal).

Por su parte, la corticosterona y el cortisol vuelven a estimular la hipófisis, lo que provoca una nueva liberación de ACTH. Es como un círculo en que una hormona activa la producción de corticoides, que a su vez producen la liberación de esa misma hormona.

El hipotálamo, la hipófisis y las suprarrenales forman así el eje hipotálamo-hipófiso-adrenal, que «desempeña un rol fundamental en la habilidad del organismo para luchar contra situaciones de estrés» (María C. Volmer, 2000, p. 100).

Hans Selye estima que, aun cuando exista una predisposición a padecer diabetes —como así también algunas otras afecciones—, el desarrollo y «salto» de la diabetes latente a la manifiesta depende del modo en que el organismo reacciona frente al estrés.

Según la concepción teórica de Selye, esto se relaciona con la secreción excesiva o insuficiente de corticoesteroides en enfermedades metabólicas, como la mencionada diabetes, y en otras como artritis reumática y reumatoidea, afecciones inflamatorias de la piel, enfermedades digestivas, nefropatías (enfermedades del riñón), cáncer, enfermedades alérgicas, hipertensión arterial y enfermedades cardiovasculares.

Ejemplos de esto son el cortisol y la aldosterona en relación con la diabetes y con la hipertensión, respectivamente. El cortisol es un glucocorticoide porque actúa sobre la glucosa; al aumentar el cortisol, la glucosa se eleva. La aldosterona es un mineralocorticoide porque actúa sobre los minerales: retiene sodio y elimina potasio; cuando la aldosterona aumenta, se eleva la tensión arterial.

Aminas bajo la lupa

La dopamina, la noradrenalina (llamada norepinefrina en su versión sintética) y la serotonina son aminas biógenas neurotransmisoras que están presentes habitualmente en los circuitos estriados. Mediante acciones excitatorias o inhibitorias en determinados sectores de las formaciones centroencefálicas, regulan comportamientos, afectos, despertares e incluso la agresividad sexual.

Estas tres sustancias son los neurotransmisores más estudiados hasta hoy por la neurofarmacología. Sobre la base de esos estudios se clasifican y administran tratamientos psicofarmacológicos, como las drogas antidepresivas.

Sin embargo, ante un determinado padecimiento psíquico, es un error dar prioridad de origen a la disfunción en el metabolismo de aquellos neurotransmisores cuyas concentraciones se encuentran disminuidas, como ocurre, por ejemplo, con la noradrenalina y la serotonina en los estados depresivos.

Cuando las aminas cerebrales aumentan, hay hiperactividad y un estado de alerta; cuando las aminas cerebrales bajan, hay sedación, inactividad y depresión. Los psicofármacos antidepresivos tienden a aumentar —por mecanismos diferentes— las aminas cerebrales. Todo muy cierto, pero...

A pesar de ello, identificar el descenso de aminas biógenas como el mecanismo inicial y esencial de las depresiones, y de varias enfermedades psicosomáticas y del cuerpo, es apartar la idea de que son los procesos afectivos y emocionales los que desencadenan estos desequilibrios y cambios químicos. En realidad, la disminución de serotonina, noradrenalina y dopamina es, igual que otros desórdenes clínico-endocrinos, el resultado de procesos y disturbios afectivos y emocionales.

Sintomatología del estrés

Si el agente que provoca el estrés no cesa, durante las primeras 24-48 horas la reacción en cadena se instala en toda su extensión y completa su sintomatología, que incluye síntomas y signos tanto físicos como psíquicos. **Síntoma** es lo que la persona afectada manifiesta que siente (dolores musculares, etc.), mientras que **signo** es lo que los demás pueden observar en esa persona (respiraciones frecuentes y profundas, etc.).

Desde un punto de vista que podríamos calificar de teórico, el desarrollo del estrés se considera dividido en tres fases:

1. reacción de alarma,
2. estado de resistencia y
3. estado de agotamiento.

En la práctica, la observación clínica revela un predominio de la sintomatología propia de la segunda fase. Una persona estresada puede presentar en la fase 1 decaimiento y desgana; en la fase 2, dolor de cabeza (producto del aumento de la presión arterial), taquicardia, hiperglucemia, hiperventilación y, por acción de la adrenalina, vasoconstricción, palidez e impotencia; en la fase 3, hiperacidez y dolor gástricos.

En ciertas ocasiones abundan más los síntomas y signos psíquicos, y en otras, los físicos. Todavía desconocemos el porqué de esta «elección», pero siempre resulta útil tomar en cuenta la sintomatología en su conjunto. Y no perder de vista que hay estrés en las tres fases.

Cualquiera que sea el agente que lo provoque, el estrés altera siempre el equilibrio tanto físico como psíquico. Siempre resultan afectadas estas dos áreas. En ambas es común que los síntomas y signos parezcan interesar alguna parte del cuerpo más que otra, o algún aspecto psíquico o de conducta más que otro. Pero, en realidad, todos forman parte de una reacción global.

Así, en lo físico pueden predominar los dolores y la transpiración en las manos, o los síntomas gastrointestinales. En lo psíquico pueden prevalecer el malhumor y la irritación, o el decaimiento y el abatimiento, o el insomnio. Pero, al estudiar detenidamente cada cuadro, hallamos otros elementos que confirman que el organismo se encuentra reaccionando en su totalidad.

Entender el estrés

Podemos concebir el estrés como una «inflamación» general del organismo. Esto nos ayudará bastante a entenderlo, porque la persona estresada parece presentar un «equilibrio inestable o desestabilizante». Quizá suene contradictorio, pero no lo es tanto. Así lo expresan quienes lo padecen.

Carlos: «Es algo extraño, no sé qué me pasa. No soy el mismo; me veo como indispuesto».

Alejandra: «Me siento como si hubiera perdido la seguridad que tenía. Eso, me falta la seguridad».

Emiliano: «Antes era más decidido para enfrentar todo; ahora no. Es raro, pero he perdido mi confianza».

Sofía: «Estoy un tanto asustada con todo lo que me pasa; como si me fuera a ocurrir algo malo. Me veo inestable».

Estos ejemplos, extraídos de testimonios reales de pacientes con estrés, muestran que estas personas hablan de la inestabilidad o desestabilización como de algo que las afecta de forma integral. Y el estrés es, justamente, un desequilibrio de naturaleza global, que mantiene a todo el organismo en «equilibrio inestable». Éste es el fondo del cuadro sobre el que va a aparecer la sintomatología.

Síntomas y signos físicos

- Tensión muscular, por lo general de un grupo: en los hombros, en los brazos, en el cuello, etc.
- Contractura muscular, por lo general en una zona: cervical, espalda, cintura (aquí ocasiona dolor ciático), etc.
- Síntomas de cansancio físico generalizado.
- Taquicardia (aumento de las pulsaciones por aceleración del ritmo cardíaco).
- Palpitaciones (latidos cardíacos que son percibidos por la persona).
- Arritmia (latidos cardíacos irregulares, no permanentes o discontinuos).
- Hiperventilación (respiraciones profundas continuas).
- Disnea (dificultad para respirar).
- Trastornos gástricos e intestinales: acidez, aceleración del tránsito intestinal, diarrea, etc.

- Anorexia (falta de apetito).
- Mareos.
- Cefaleas (dolores de cabeza), jaquecas (dolor de un solo lado de la cabeza, que se presenta sin otros síntomas) y/o migrañas (dolor de un solo lado de la cabeza, que va acompañado por náuseas, vómitos, intolerancia a la luz y a los ruidos, anorexia y malestar indefinible).
- Dolores cervicales.
- Dolores de pecho, en forma de dolorimiento o de punzadas en la zona cardíaca.
- Temblores involuntarios, sobre todo en las extremidades.
- Transpiración con boca seca.
- Enfriamiento en las manos y/o en los pies.
- Aumento de la frecuencia urinaria.
- Disfunción sexual (dificultad para tener relaciones sexuales).

Síntomas y signos psíquicos

- Nerviosismo, con o sin temblores y con o sin inestabilidad emotiva. Es un estado de irritabilidad, con un exceso de emotividad visible, que aparece en situaciones triviales y con el añadido de cierta agitación e inquietud interior.
- Ansiedad, muchas veces con falta de concentración. Es un sentimiento de incomodidad y desazón, con una reacción objetivable de inseguridad, inestabilidad, inquietud y movimientos desordenados. Se la puede considerar como la forma leve de la angustia.
- Angustia, con su cortejo de padecimientos físicos (sudoración, palpitaciones, palidez, sensación de ahogo, dificultad para respirar, etc.) y psíquicos (miedo sin objeto). Es un estado de ansiedad acompañado por alteraciones fisiológicas y corporales.
- Falta de concentración, como dificultad persistente.

- Abatimiento y decaimiento anímico, con o sin ansiedad y con o sin pensamientos negativos.
- Malhumor e irritación, como estado de ánimo constante.
- Sobresalto o alarma, como estado de ánimo persistente.
- Trastornos del sueño, bajo la forma de insomnio.

El mundo sobre los hombros

¿Hay algún recurso para aliviar el estrés?

Tanto en el trabajo como en otras áreas de la vida cotidiana, el estrés se elimina apartando el agente que lo provoca o alejándose uno, como propone la canción de los Beatles «Hey Jude»: «And any time you feel the pain, / Hey Jude, refrain. / Don't carry the world upon your shoulders, / For well you know that it's a fool / who plays it cool / by making his world a little colder» («Y cada vez que sientas dolor, / Hey Jude, retírate. / No cargues el mundo sobre tus hombros, / porque bien sabes que es un necio / el que se las da de frío / haciendo su mundo un poco más indiferente»).

Pero la mayoría de las veces esto no es posible. En cambio, si adoptamos ciertas precauciones, hallaremos una solución adecuada.

Aquí reaparece el personaje de la mitología griega que hemos conocido en el Capítulo 3: el Centauro. Si sus patas están fuertes, si estamos bien afirmados en ellas, el estrés será simplemente una tensión que aparece en nuestro camino y que sostenemos por un tiempo con nuestras manos para luego dejarla. Así lograremos evitar que esta tensión se prolongue; entonces, ella será para nosotros una compañera de aventuras o, como dijo con cierta ironía mi amigo Alberto Álvarez, un «acompañante terapéutico».

El estrés no presenta las características fijas y comunes que muestran aquellos cuadros estudiados y bien definidos por la psiquiatría, la psicología y la psicopatología, como son las neurosis (de angustia, obsesiva, histérica, depresiva, fóbica, de abandono, traumática, de destino, de renta, por nombrar algunas de las habituales).

Fuera de ciertos síntomas que pueden tener en común, estos cuadros ya clásicos difieren del estrés. Señalaré las diferencias en una tabla.

NEUROSIS	ESTRÉS
En las neurosis lo esencial es el conflicto psíquico que todas llevan en su interior, y que tiene sus orígenes en la niñez, en la infancia y en la adolescencia.	El estrés no tiene en su interior un conflicto de origen tan lejano, por lo que buscarlo no reviste importancia.
En toda neurosis existen conductas defensivas (negación, racionalización, desplazamiento, represión, proyección, introyección, identificación, formación reactiva, etc.) que la persona desarrolla para mantener su estabilidad psicológica; por esto, siempre y cuando la neurosis no sea muy grave, quien la sufre se comporta «normalmente» en la sociedad y puede en buena medida pasar inadvertido.	Al no presentar el estrés un conflicto tan antiguo, la persona que lo padece no ha podido ejercitar, trabajar y reactivar sus defensas, por lo que no logra mantener su estabilidad psíquica; entonces se hace más visible su cuadro, que por lo general no pasa inadvertido. Es que la reacción de todo su organismo ha interesado también al Yo, que no está en condiciones de utilizar esas defensas con eficacia.

NEUROSIS	ESTRÉS
El conflicto que presentan las neurosis obedece en muchos casos a situaciones o hechos no necesariamente reales, sino deformados o imaginados o aun fantaseados y ubicados en un ayer lejano.	El origen del estrés radica en situaciones y hechos reales del medio en el que la persona se desenvuelve: familia, trabajo, vivienda, estudios, etc.; sucesos que son del momento o tiempo cronológico actual.

EL ESTRÉS POSTRAUMÁTICO

Se impone aclarar aquí otra confusión generada por el uso y abuso de la palabra «estrés». Me refiero a lo que se conoce como estrés postraumático y que, dado que sus síntomas son mayormente psíquicos, merecería ser designado como **neurosis postraumática**.

En su origen se encuentran traumatismos concretos y, por lo general, **violentos e imprevistos**, como accidentes serios (laborales o de tráfico), ataques personales (asaltos, violaciones, secuestros), desastres naturales (huracanes, terremotos, inundaciones). Se trata de hechos sorpresivos que exceden la posibilidad de resolución y dejan a la persona, en un principio, sin reacción; ésta se produce, casi siempre, con posterioridad, de ahí lo de «postraumático».

Este cuadro se desarrolla no de manera instantánea, sino con el correr de las horas, como una reacción en cadena, igual que el estrés. Pero, una vez instalado, muestra diferencias con el estrés propiamente dicho. Presenta una sintomatología caracterizada fundamentalmente por:

- Ansiedad y temores que provocan un desasosiego constante y pueden llegar al ataque de pánico (crisis de pánico o de angustia).

- Síntomas evitativos de los estímulos que hacen recordar el trauma: rechazo a viajar por carretera después de un choque o a salir de casa después de un asalto en la calle, etc.
- Síntomas de reexperimentación o *flashbacks* recurrentes, por los cuales la persona tiene la sensación de estar reviviendo la experiencia (Alfredo H. Cia, 2001, p. 35). Estos episodios, que suelen ocurrir durante el sueño y causan un despertar con sobresalto, no son habituales en el estrés común.

Aunque hay otros síntomas y signos de estrés postraumático, los que he enumerado son los que se ven con mayor frecuencia en la práctica, junto con un estado depresivo no profundo pero sí importante, irritabilidad con reacciones agresivas por cuestiones mínimas, dificultad para concentrarse e insomnio.

Se estima que la duración del estrés postraumático oscila entre tres y seis meses. La persistencia de los síntomas después del plazo máximo indica que el impacto emocional de este cuadro ha hecho aflorar conflictos antiguos, que se encontraban ocultos o dormidos en el interior profundo de la persona.

El tratamiento habitual incluye reposo, así como ansiolíticos y antidepresivos con el propósito de resolver la agitación del sistema nervioso y permitir así que el propio organismo, al mejorar sus condiciones, recupere su estabilidad. El apoyo psicológico, tanto terapéutico como familiar, desempeña un papel sustancial.

«Si tuviera el apoyo de esas manos, / si pudiera sostenerme entre tus brazos / vencería el sabor de mi nostalgia, / la continua indiferencia de mis días, / el amargo dolor de mi tragedia. / Juntas sostendríamos la tarde / y el ayer empolvado de tizas y de hamacas, / saltaríamos los cuadros de la tierra hasta el cielo / de una rayuela lanzada a la esperanza» (Marcela Avilés, «Amigas»).

El centauro otra vez

Hace poco tuve oportunidad de ratificar que el mitológico Centauro (*véase* el Capítulo 3) contribuye a superar el estrés postraumático. Vinieron a verme dos chóferes que habían tenido juntos un serio accidente: el autocar que conducían volcó y dos personas murieron. Los conductores, que habían hecho lo posible para evitar este accidente en una carretera congestionada, estaban muy afectados por lo ocurrido.

Uno de ellos, al llegar a su casa, estuvo acompañado por su mujer y su familia. Luego vinieron amigos y vecinos, que lo escucharon y le hicieron preguntas. Se encontraba, como he dicho, afectado, pero psíquicamente estaba «compensado» y pudo relatar el hecho. Deduje que la pata afectiva de su Centauro estaba firme.

El otro chófer se veía estresado, con mucha transpiración, y su tensión arterial se había elevado notablemente. Hubo que asistirlo desde el principio con hipotensores. Al preguntarle con quién vivía, me dijo que estaba separado, que vivía solo y que un vecino al que acudió fue el único que se interesó por su accidente. Deduje que aquella pata de su Centauro no estaba bien.

Capítulo 7
Los agentes productores

Bajo la denominación de «agentes productores» ubico las causas que originan las enfermedades del cuerpo o psicosomáticas.

Estos agentes productores actúan a veces solos, por sus propios medios, y otras veces combinados entre sí, con lo que suman y potencian su acción. No pertenecen al universo de lo concreto y tangible; son elementos abstractos. Pero, en cuanto a su poder de generar y promover actitudes y conductas, son reales y eficaces.

Los agentes que veremos a continuación no son piedras, ni cuchillos, ni balas, ni escopetas; pero poseen una potencia para dañar de igual rango que la de un arma. Tenemos, entonces, la obligación de identificarlos y determinarlos con claridad.

Al igual que ciertos agentes físicos —como las bacterias y los virus, por ejemplo—, estos elementos intangibles se convierten en verdaderos agentes patógenos cuando en el ser humano se dan determinadas condiciones para que actúen (*véase* el Capítulo 3).

«Si la mitad de mi corazón está aquí, doctor, / la otra mitad está en China, / con el ejército que baja hacia el río Amarillo. / Además, doctor, todas las mañanas, / todas las mañanas, al amanecer, / mi corazón es fusilado en Grecia. / Además, cuando los presos se hunden en el sueño, / cuando los últimos pasos se alejan de la enfermería, / mi corazón, doctor, se va... / se va hasta una vieja casa de madera, en Estambul. / Además, doctor, estos diez años / con las manos sin nada que ofrecer a mi pobre pueblo, / apenas una manzana, una manzana roja, mi corazón. / Es por todo eso, doctor, / y no por la arteriosclerosis, la nicotina, la prisión, / que tengo esta angina de pecho» (Nazim Hikmet, «Angina de pecho»).

Escala ascendente

Podríamos aventurarnos a describir estos agentes como los peldaños de una imaginaria escalera que represente lo que suele llamarse «maltrato emocional» y la capacidad de conducir a la autodestrucción y a la enfermedad física o psicosomática.

En orden ascendente, encontramos:

1. intenciones (incitaciones) negativas o nocivas;
2. reclamos desatendidos;
3. demandas excesivas (*pressing*);
4. ataques y agresiones (violencia);
5. frustraciones;
6. abandonos y pérdidas;
7. noxa o daño propiamente dicho (*vernichtung*).

Intenciones (incitaciones) negativas o nocivas

Según el Diccionario de la Real Academia Española, «incitar» es mover, «estimular a alguien para que ejecute algo». Este agente produce, sin embargo, una «movilización» de la persona en sentido negativo; esto es, la «moviliza» para que no actúe o no realice movimiento alguno.

Los elementos que lo constituyen toman, en su mayoría, la forma de **descalificaciones** y/o **desvalorizaciones**. También aparecen como gestos de **menosprecio, burlas, ironías o sarcasmos**. (La ironía es una burla fina y disimulada, mientras que el sarcasmo es una burla sangrienta, mordaz y cruel con que se ofende o maltrata a alguien.)

Estas intenciones negativas o «estímulos» nocivos vienen del exterior y comienzan a actuar de manera perniciosa en el interior del cuerpo. Si bien su poder enfermante podría parecer no ser demasiado intenso ni vigoroso, con el tiempo produce en todo el organismo —en el cuerpo interior y en el cuerpo físico— una reacción general que lentamente va trasladándose e interesando los tejidos.

Las incitaciones negativas, entonces, no enferman en un solo y único acto, sino que al reiterarse en el tiempo y asociarse en ocasiones con otros agentes (por ejemplo, reclamos desatendidos) van incrementando su fuerza y poder para que el organismo reaccione y produzca la enfermedad psicosomática.

Otra característica de gran importancia es que este agente ejerce su acción en un terreno donde existe previamente una relación de **compromiso afectivo-emocional**, de dependencia e influencia entre dos personas; por ejemplo, entre hijo y padre o, con frecuencia, en la pareja amorosa. Asimismo, estas incitaciones negativas pueden ir dirigidas de una institución, organización o comunidad hacia una persona, e incluso de un país o estado hacia una persona o un grupo de personas; sólo que a veces suelen estar encubiertas, en cuyo caso el maltrato no resulta muy evidente.

La persona afectada se ve menoscabada o subestimada y siente una sensación de abatimiento en su interior (Yo interior), que puede tomar el camino de alguna perturbación psíquica (neurosis, psicosis, etc.). Pero este agente divide su actuación y llega también al cuerpo; como reacción frente al sufrimiento y el dolor, disminuyen la actividad y la energía de las células, y el organismo avanza hacia el agotamiento y la fatiga. Por esta vía se accede gradualmente a la enfermedad psicosomática.

Aquí es preciso hacer algunas aclaraciones que permitan comprender mejor cómo actúa este agente.

1. Para ejercer y constituirse como agentes productores de enfermedades psicosomáticas, las intenciones negativas o nocivas deben tener **una especial intensidad** o **carga energética**. Esto significa que no cualquier descalificación producirá un daño.

2. Este agente actúa con mayor eficacia si encuentra en la persona una historia con hechos o situaciones ya de descalificación y/o desvalorización, ya de humillaciones, degradación y menosprecio. Tales sucesos, que por lo general ocurren en la niñez o en la adolescencia, pueden haber sido reales o —menos comúnmente— imaginarios, es decir, imaginados por la mente que los recuerda y que en cierta medida los ha deformado; pero el caso es que **se los recuerda como si hubieran sido reales**. Viene a mi memoria Marcelo, quien afirmaba que cuando era niño su madre le pegaba, lo zarandeaba y le daba palmadas en la cabeza mientras le gritaba. Entrevistada su madre, Silvia, en una reunión familiar, aseguró que nunca había siquiera alzado una mano en ademán amenazador. Su esposo y sus otros dos hijos confirmaron plenamente la ausencia de cualquier castigo. Silvia, que era psicóloga y psicopedagoga infantil, jamás hubiera aplicado una acción de este tipo para la educación de ningún hijo. Marcelo, sin embargo, sostenía en su imaginario (en su imaginación) una historia con vivencia de castigos que creía y vivía como si realmente hubiera sucedido.

3. Las incitaciones negativas provocan inicialmente una reacción en el organismo, pero su efecto en él comienza a hacerse «visible» cuando la acción de este agente se sostiene y se reitera en el tiempo. **Intensidad y reiteración** en el tiempo son las herramientas primeras para la producción de la enfermedad psicosomática.

En resumen, diré que la reacción que este agente produce en el organismo conforma una pulsión dinámico-energética en la que lo que se interrumpe, por lo general, es justamente la libido (fuerza o energía vital), que aparece así bloqueada, detenida y sin procesarse en cada situación.

Esta fuerza interior y su flujo son esenciales para que las células, los tejidos y los órganos actúen, se alimenten e interaccionen con normalidad en todos sus procesos metabólicos. Procesos que forman parte de todo ciclo vital y que tienen como protagonistas precisamente a las células, tejidos y órganos.

La energía bloqueada, la reacción de hostilidad que genera y la fatiga son los conductores que, al producir la alteración de los procesos físico-químicos en el entramado celular y orgánico, llevan ineludiblemente hacia la enfermedad psicosomática, que comienza así a instalarse en el cuerpo.

El silencio hostil

Una experta psicoterapeuta, Patricia Faur, define la violencia emocional así: «Se trata de una violencia callada, sorda, imperceptible para el ojo no avezado» (Patricia Faur, 2007, p. 81). Esto es sin duda acertado; y las incitaciones negativas o nocivas guardan en su interior una cierta violencia siempre activa y presente.

Los silencios **hirientes y vacíos**, lo mismo que las actitudes de **indiferencia**, forman parte de este agente productor. Poseen la capacidad de causar enfermedades corporales y son también, en el tiempo y en proporción a su potencia, verdaderas «armas».

Patricia Faur nos ilustra mejor: «¿Cuál es el arma que puede matar a una dependiente emocional? La amenaza del abandono, el desamor, el engaño, el silencio» (Faur, *op. cit.*, p. 88).

Sin embargo, debemos recordar que no todo silencio es nocivo. El silencio capaz de dañar es el que forma parte de la hostilidad no verbal.

Aissa y el lupus

Aissa: Yo lamento haber perdido mi lugar, mis hijos, mi familia, mi marido. Creo que el dolor que sentí esa noche de la boda fue por su rechazo. Y ahora me pregunto: ¿acaso lo quiero aún? ¿Acaso lo espero? ¿Por eso sigo sola y no puedo formar pareja? ¿Por qué dentro de mí él sigue vivo como cuando tenía dieciocho años?

Dr. Diego: Son muchas, Aissa, las preguntas que usted se hace. Creo que con paciencia las iremos contestando. Pero estábamos hablando de que él, durante estos últimos años, la atacaba y le decía palabras ofensivas y agraviantes. Hablábamos de eso hasta que usted comenzó a recordar otras cosas y a hacerse estas preguntas.

Aissa: Sí, doctor, porque al sacar las cosas escondidas también sale el gran amor. ¿Cómo no entiende usted que si me separé por todo el dolor y la humillación que sentía, también estuve muy enamorada de él?

Dr. Diego: Sí, entiendo, pero...

Aissa: Pero parece que no.

Dr. Diego: Bueno, no es tan así... Yo estaba tratando de investigar qué relación había entre los agravios que él le hizo durante tanto tiempo y su enfermedad actual, ese lupus que le diagnosticaron.

Aissa: No investigue tanto, que yo no soy un animal de laboratorio. Yo soy Aissa, una mujer que entregó todo por amor y a la que le devolvieron maltrato y humillación.

Dr. Diego: Está bien, Aissa, pero permítame que le pregunte si, aparte de ese amor, esa humillación que usted sentía se debía sólo al maltrato de él.

Aissa: Y mire qué pregunta. Yo le dije a usted que él me atacó, me humilló y logró que cayera y cayera en un pozo donde no tenía fuerzas para nada y estaba como paralizada... paralítica.

Dr. Diego: ¿Y fue entonces cuando comenzó a sentir ese malestar general y ese dolor en las manos que no la dejaba escribir?

Aissa: No, ese dolor me empezó después, después de que salí del pozo.

El diálogo con Aissa continuó, a fin de determinar la fecha de inicio de sus síntomas físicos para establecer mejor la relación entre ellos y las descalificaciones y desvalorizaciones que Augusto, su esposo, con impulsividad y violencia le hizo casi a diario durante muchos años. Aissa se separó y se quedó con dos hijos ya adolescentes; pronto su hija se fue a vivir con una amiga. Poco antes de su separación, Aissa comenzó a desarrollar episodios de fiebre y cansancio general. Como la fiebre era discontinua, al principio se sospechaba de una infección. Pero la fiebre persistió y sobrevinieron dolores en las articulaciones de las manos y de las piernas.

Este proceso duró casi dos años, hasta que le apareció en la cara una mancha rosada en forma de mariposa, que le cubría ambos pómulos, y luego otras manchas rosadas en el cuello. Fue entonces cuando un médico clínico le indicó exámenes de laboratorio y otras pruebas, que culminaron en el diagnóstico de lupus eritematoso diseminado.

En la actualidad, el lupus eritematoso diseminado (enfermedad de larga evolución y marcha por lo general lenta, que a veces se asemeja a la artritis reumatoidea) está considerado como una enfermedad autoinmune. Entonces debemos tener presente uno de los postulados psicosomáticos: toda enfermedad **autoinmune** tiene un alto componente **emocional**.

RECLAMOS DESATENDIDOS

El carácter y la acción de este agente radican en:

- la **falta de cumplimiento** de ciertos reclamos (demandas cualificadas e importantes);
- el añadido de considerables **silencios y falta de respuesta** a esos mismos reclamos, y
- la **constancia y persistencia** de esa desatención.

Este agente actúa siempre en un campo donde existe una relación de compromiso entre dos personas, que se encuentran vinculadas más específicamente por una participación afectiva (al menos una de ellas, que es la que luego habrá de enfermar).

Puede darse en el plano laboral, entre una organización o empresa y una persona. Pero en esta situación, igual que en la relación entre dos individuos, tiene que haber un compromiso interior de la persona para que, frente a la acción de este agente, se vea afectada su salud corporal.

Los reclamos son casi siempre demandas de atención y solicitudes de cuidados afectivos y aun espirituales. En otras ocasiones se refieren a cuidados o atenciones físicas. En el ámbito laboral suelen apuntar a cuestiones prácticas, económicas o sociales. Cualquiera que sea su naturaleza, es necesario subrayar que, para que tengan carácter de agente productor, estos reclamos desatendidos deben reiterarse en el tiempo.

Si la persona a la que se le niegan las atenciones o los cuidados no reacciona en cierto lapso de tiempo, lo habitual es que desde su interior (Yo interior) se inicie en todo su organismo un proceso de estímulo constante y persistente que, al no poder ser neutralizado o asimilado, desencadenará la enfermedad corporal o psicosomática. Ésta afectará primero al organismo en general y con posterioridad se dirigirá a algunos tejidos del cuerpo.

La reacción —constante y persistente, de forma y carga negativas— que suelen provocar los reclamos desatendidos actúa como un bumerán, en el sentido de que su acción y sus efectos vuelven al punto de partida. De este modo, el que reclama es el que resulta finalmente afectado al ver insatisfechos los reclamos y solicitudes que surgieron de su Yo interior. Algunos autores llaman «resonancia» a este comportamiento de la energía. Según ellos, este proceso, una vez iniciado, habrá de atraer más energía negativa (Luis Ángel Díaz, 2007, p. 30).

Es difícil que este agente productor dañe por sí solo un tejido o un órgano. Por lo general, se asocia con otros agentes para producir la enfermedad autodestructiva.

Finalmente, haré tres aclaraciones necesarias.

1. Para constituirse como agentes productores de enfermedades psicosomáticas, los reclamos desatendidos deben tener una especial intensidad o carga vital. Esto quiere decir que no cualquier reclamo desatendido puede lograr enfermar. Lo harán sólo aquellos que presenten y evidencien una **necesidad básica**, ligada a algún conflicto esencial y primario que lo solicite desde el interior del cuerpo (Yo interior) o acompañada por una historia con situaciones de desatención. Es oportuno mencionar aquí a Luis, quien mostró siempre a sus padres sus deseos por la música; de niño jugaba con metales y los hacía sonar mientras cantaba. Sus padres, que tenían el proyecto de que Luis siguiera, como ellos, una carrera universitaria relacionada con las leyes, desoyeron su voz interior y desatendieron sus reclamos. Luis no siguió esta meta paterna, pero tampoco pudo seguir la suya; se refugió en una pequeña localidad, donde empezó a trabajar como empleado en el ayuntamiento. Allí conoció a un profesor de música que lo estimuló para que siguiera su camino, su vocación, y se convirtió en un clarinetista excelente. En una visita a la gran ciudad, lo descubrió un director de orquesta extranjero; era un director muy severo, que lo privaba de salidas y lo encerraba a estudiar durante interminables horas. Entonces Luis comenzó a desarrollar un cuadro extraño, con anginas cada dos por tres y otros males que le dificultaban tocar su clarinete. La enfermedad psicosomática había hecho su aparición.

2. En la historia, los hechos de desatención pueden haber sido esencialmente reales, o bien poco reales y muy **imaginarios pero vivenciados como concretos**, en cuyo caso adquieren el valor de un verdadero agente productor.

3. No está de más reiterar que inicialmente el organismo resulta afectado en su totalidad, y no en un órgano determinado. Pero la

afección de un órgano sobrevendrá —si ello ocurre, como en el caso de Luis— en un segundo momento. Así, de manera lenta pero certera, los reclamos desatendidos van haciendo su efecto **en el transcurso del tiempo** y labran el camino hacia la enfermedad psicosomática.

Lina y la artritis

Lina: No quiero hablar. Estoy muy nerviosa, tensa, triste, decaída, desganada. Hoy no es un buen día... es uno de esos días en que no me interesa ni me importa nada. La tristeza es más fuerte que yo.

Dr. Damián: ¿Desde cuándo está así, Lina?

Lina: Desde ayer, después de que llegué del centro. Sin embargo, hasta me compré un regalo para mí. Aparte, me gusta caminar por el centro... Pero llegué a casa hecha polvo.

Dr. Damián: Está bien, Lina, mi pregunta es: ¿usted relaciona con algo este estado? Concretamente, ¿le ocurrió algo que la puso así?

Lina: Sí, lo de siempre. O, mejor, lo que ahora me está pasando cada vez más seguido.

Dr. Damián: ¿Y qué es?

Lina: Que Atilio no me haga caso, que todo lo que le pido me lo niegue o que no me responda. Le pedí que me llevara a casa de los B., que nos habían invitado, y no; le pedí que viniera más temprano para acompañarme al cirujano, y no; después le pedí que me llevara al supermercado pero no apareció ni me llamó. Ayer, que no trabajaba, le pedí que me acercara hasta la casa de mi hermano, que está bastante enfermo, y tampoco; se fue con el coche y no volvió ni llamó.

Dr. Damián: ¿Después de esto comenzó a sentirse mal?

Lina: Sí, fue la gota que colmó el vaso... Ahora me preocupa mi estado de decaimiento, desánimo y cansancio. Necesito ayuda porque tengo que salir de este estado. No quiero que me pase lo que le pasó a Zulmy, mi hermana.

Dr. Damián: ¿Qué le pasó?

Lina: Le descubrieron un tumor en la mama, y parece que no es muy bueno.

Dr. Damián: Bueno, Lina, no piense de manera tan extrema y negativa. Vamos a tratar de encontrar una salida a este estado de ánimo suyo. ¿Qué piensa o qué se le ocurre que puede hacer ahora?

El diálogo continuó. Se procuró que, hasta que se aclarase más la situación matrimonial, Lina fuera apoyada por parientes cercanos y amigos. Pero ella vivía bastante aislada de su familia y de sus pocas amistades. Posteriormente, Lina desarrolló mialgias y dolores articulares en las manos, iniciándose un cuadro que los clínicos diagnosticaron como artritis reumatoidea.

La artritis reumatoidea (inflamación crónica de las articulaciones) está considerada como una enfermedad autoinmune. Una vez más debemos recordar ese postulado psicosomático: toda enfermedad autoinmune tiene un gran componente emocional.

DEMANDAS EXCESIVAS (*PRESSING*)

Este agente podría llamarse, como pensé en un comienzo, «exigencias» excesivas o sobredimensionadas. Preferí la expresión que figura en el título porque muestra mejor el origen: una demanda es una solicitud que, si bien se traduce y se hace visible en lo exterior, procede del interior de una persona.

Por la presión que ejercen sobre quien las sufre, las demandas excesivas se conocen también como *pressing*, palabra inglesa que describe con exactitud el efecto de este agente: la **presión**, el **apremio**, el **acoso**, un cierto **hostigamiento** que, en determinadas situaciones, toma formas encubiertas de **persecución**. Esta denominación resulta adecuada siempre y cuando englobemos en ella todos esos componentes y no la limitemos a una concepción trivial de simple presión. *Pressing* no es sólo presión, de ninguna manera; es todo lo apremiante, urgente y conminatorio.

Fuera de las situaciones familiares (padre/madre-hijo/hija) y de pareja, las demandas excesivas se observan en muchas empresas e instituciones. Pero es importante señalar que no todas las demandas laborales entran bajo la categoría de *pressing*; para hacerlo, deben tener las características que he mencionado.

Igual que los anteriores, este agente suele provenir del exterior, de otro ser humano. Pero, a diferencia de aquéllos, en casos extremos puede organizarse en el interior (Súper Yo) y dirigirse hacia uno mismo; entonces, dominada por sus exigencias desmedidas, la persona causa su autodestrucción.

Dado que las demandas excesivas lo son justamente porque sobrepasan las posibilidades de quien las recibe, su acción lleva a la fatiga, reacción negativa que, si el *pressing* continúa, se desplaza desde el organismo en su totalidad hacia algún tejido u órgano en particular. Uno de los postulados psicosomáticos es aquel que presenta a la fatiga, o agotamiento de tejidos y órganos, como paso previo o antesala de una enfermedad orgánica.

Tanto las demandas excesivas externas como las propias o internas producen el mismo daño que podría causar en una panadería la entrada repentina de una cantidad de clientes mayor que la usual: si la panadería quiere seguir funcionando, el horno no dará abasto y el pan resultará mal cocido.

Por analogía, cuando el organismo sufre este *pressing* de demandas excesivas comienza a padecer una fatiga que afecta a los procesos físico-químicos, cuya perturbación se hace ver finalmente en un sector del organismo (órgano). De este modo, quedan interesados los sistemas nervioso, endocrino e inmune. Los tres «tienen propiedades y funciones autorreguladoras» (María C. Volmer, 2000, p. 127).

El órgano «elegido» u órgano X tendrá una respuesta debilitada, sin la intensidad necesaria para que los impulsos se conviertan en señales químicas. Esto no se producirá, por lo que tampoco se liberarán debidamente neurotransmisores ni enzimas. «Todos son parte de un sistema integrado de defensa» (Volmer, *ibidem*). Así, de esta manera, el órgano X afectado iniciará el proceso de la enfermedad corporal.

Por último, se impone aclarar que las demandas excesivas no deben confundirse con:

1. La **sobreadaptación** (*véase* el Capítulo 3), que guarda relación con una personalidad especial: la de aquellos sujetos que se adaptan a las exigencias excesivas del medio laboral y también del medio familiar.
2. El *mobbing*, un acoso que ocurre exclusivamente en el medio laboral, no en el medio familiar ni social. Heinz Leymann, científico alemán, acuñó el término para expresar una suerte de violencia psicológica con las siguientes características:

   • sistemática y recurrente;
   • durante un tiempo prolongado;
   • que perturba el ejercicio de las tareas y
   • logra que finalmente la persona acosada abandone el trabajo.

Esto último significa que tiene una clara finalidad consciente: el abandono del trabajo por parte del acosado. El *mobbing*, entonces, no es *pressing*, aun cuando pueda haber similitudes entre ambos. Por otra parte, no hay experiencias que informen sobre la relación entre el *mobbing* y la enfermedad psicosomática.

ATAQUES Y AGRESIONES (VIOLENCIA)

Este agente comprende actitudes acentuadamente hostiles —**insultos**, **agresiones verbales** o violencia verbal, **ensañamiento**, manifiesta **hostilidad** e incluso **brutalidad, sadismo** y **trato cruel, duro y frío**—, que por lo general van dirigidas de un ser humano a otro. En ocasiones se dan en el plano laboral, en el ámbito de una empresa o institución, desde su nivel jerárquico (dirección, gerencia, etc.) hacia alguno de sus empleados.

Estos verdaderos hostigamientos mentales y aun físicos toman su cuerpo y su materia de la violencia, siempre dispuesta a dejar la antesala y abrir las puertas hacia la enfermedad psicosomática. Violencia que no es una abstracción ni algo insustancial o incierto, sino una verdadera fuerza de gran intensidad y poderío, cuya acción se realiza a través de la palabra. Marcelo Barros, psicólogo y psicoanalista, experimentado docente de un centro de salud mental, nos dice: «Permanentemente estamos expuestos a mensajes que producen efectos psíquicos y físicos de diversa especie e intensidad. Este dato por ser común no necesariamente es trivial; la palabra es un agente capaz de producir modificaciones físicas en el organismo» (Marcelo Barros, 1996, p. 29).

Emilia Baigorria, profesora de Letras y actualmente integrante de un juzgado correccional en la ciudad de Salta, nos dice que el problema de la violencia y de la palabra violenta se ha instalado hace tiempo en nuestra sociedad, construyendo una «nueva naturaleza» y poniendo de manifiesto que donde hay violencia hay también **destrucción**. «Cada palabra es una semilla que se deposita en la sociedad. Así se va sembrando el sadismo, la negatividad, la destrucción, hasta conformar el "síndrome de la violencia" y por cierto el "síndrome de la destrucción"» (Emilia Baigorria, 2007, p. 65).

En este punto me detendré un momento para comparar este agente con los ya descritos. Si bien tanto las intenciones negativas como los reclamos desatendidos pueden originarse como una creencia imaginaria en el interior de la persona, lo habitual es que, para desencadenar una enfermedad psicosomática, actúen desde el exterior. Las demandas excesivas, por su parte, sólo excepcionalmente se organizan en el interior de la persona. Pero en el caso de la violencia —aunque es posible que provenga del exterior—, el elemento de mayor importancia para el desarrollo de una enfermedad psicosomática es la producción de una violencia **interior**, o lo que considero como el giro de la violencia hacia el interior de uno mismo. Ocurre que tanto la violencia como la intencionalidad destructiva se dirigen hacia un sujeto designado como blanco; de ahí que también puedan volcarse hacia uno mismo.

Una tesis psicológica y psicoanalítica afirma que detrás de la violencia se encuentra, promoviéndola o generándola, la pulsión de muerte. Esta pulsión se muestra en la vida corriente bajo dos formas principales: una **voluntad de poder o de dominio** y una **voluntad de destrucción**, que es la que aparece como agresividad. «La agresividad es la derivación al exterior de la pulsión de muerte» (Barros, *op. cit.*, p. 99).

Provenga ya del exterior (ataque), ya del interior de la persona (agresividad y violencia), el impulso destructivo se traslada hacia el cuerpo interior y se convierte así en agente productor de enfermedades psicosomáticas. En este camino, la **agresividad**, con su fuerte carga de energía, se vuelve hacia uno mismo y, si no puede ser controlada ni detenida, toma el tono y el color de la **violencia**.

El psicoterapeuta Rollo May agrega que, cuando la agresividad crece en nuestro interior, funciona como si hubiéramos hecho girar un conmutador y entrado en la «frecuencia» de la violencia.

Esta violencia no es la violencia «exterior» que se vuelca visiblemente hacia otros, ya sean personas, animales, objetos, etc. No es tampoco la violencia «interior» que se observa en estos casos, y conjuntamente, cuando estamos y nos vemos y nos ven ofuscados. La violencia a la que aquí me refiero es aquella, no tan consciente ni tan visible, que generamos en nuestro interior y que toma nuestro cuerpo y algún órgano.

En las palabras iniciales de este libro puntualicé que la autodestrucción es aquel proceso que se desarrolla en una vertiente inconsciente o, al menos, no tan consciente. Que esta agresividad-violencia tenga esas características no significa que no pueda ser percibida ni detectada; sólo que debemos enfocarla con otra visión. Porque esta violencia, tal vez más oculta y menos expuesta, es la que nos lleva a las enfermedades psicosomáticas o por autodestrucción.

Rollo May nos brinda una ilustrativa anécdota personal (Rollo May, 1974, p. 213) que contribuye a precisar este punto. En una granja donde pasaba con su familia unos días de descanso, vio un perro que, supuso él, estaba rabioso. Resolvió enviar a su perra al lugar donde se encontraba el animal «rabioso» con el fin de alejarlo, pero su mascota, por más que la llamó, no hizo caso. Entonces, con la intención de matar al perro presuntamente «rabioso», May buscó una pistola que usaba su hijo para tirar al blanco. De golpe se vio transformado, con el arma y su poder, y recapacitó de inmediato. Como experimentado terapeuta, realizó luego unas certeras reflexiones.

En el relato de May —que he reproducido sólo para explicar el efecto de este agente—, tanto la ofuscación exterior como la interior eran visibles y evidentes para él y para los demás: se veía ofuscado y él lo reconoció así. Esto no lo enfermó, y difícilmente podría enfermar a alguien que tuviera una reacción similar. Porque lo que enferma, lo que produce la enfermedad psicosomática o autodestructiva, es la agresividad-violencia **no tan visible ni exteriorizada** como la de este ejemplo, pero real y existente: la violencia interior que toma otro rumbo, otro camino y cursa por lo general sin tanta exteriorización.

La enfermedad psicosomática puede ser producida por este agente que, como violencia, se organiza y conduce de manera diferente. Por lo común es una violencia portadora de conflictos interiores que es necesario aislar y resolver. Este agente deberá ser «desactivado» y «desarmado» para que deje de funcionar enfermando.

Su efecto es notable; si omito las historias de pacientes con enfermedades del cuerpo estrechamente relacionadas con una violencia interior siempre presente y activa es porque las narraciones resultarían demasiado extensas. Sin embargo, no quiero dejar de señalar los casos de mujeres que tienen en su interior una relación de hostilidad y de violencia hacia su madre y que luego enferman de cáncer de mama. No es obra del azar. Debemos reflexionar sobre ello. No estoy diciendo que este agente sea el único causante de esta grave enfermedad. Pero, en innumerables casos, su presencia es de una evidencia inocultable. En el hombre, la violencia se dirige hacia la próstata y los riñones.

Y es que este agente hará foco en determinadas zonas del organismo de una manera no casual. En esas zonas o lugares «elegidos» afectará a las funciones de asimilación, elaboración y eliminación que ligan entre sí a las células. Entonces los procesos vitales celulares sufrirán una detención y un estancamiento que, si se prolongan o se reiteran en el tiempo, producirán un bloqueo de los procesos físico-químicos.

De allí a la enfermedad corporal hay sólo un paso, y aunque la acción de este agente merece un desarrollo más amplio, propio de otro contexto, su enunciación es suficiente para mostrar el poder de daño de la violencia.

Acerca de la guerra

Quiero incluir aquí una brevísima referencia sobre la agresividad tal como fue concebida por Alfred Adler, psiquiatra austríaco que fue uno de los primeros discípulos de Freud y que se separó de él justamente porque Adler concibió la agresividad como una *«wille zur Macht»* (voluntad de poder) o afán de superioridad detrás del cual se ocultaba la pulsión de muerte.

Esto nos lleva al campo de una humanidad que, si bien ha alcanzado un innegable progreso tecnológico, por el camino de la ira y la agresividad va destruyéndose y aniquilándose de manera «científica», embarcándose en guerras cada vez más sofisticadas con la finalidad de destruir al que se considera enemigo.

Entre muchos otros hombres de ciencia, Einstein y Freud intercambiaron correspondencia sobre esta cuestión. Ambos anhelaban el fin de la violencia en el mundo. Freud escribía entonces que su teoría de los instintos descubría en el hombre, por un lado, aquellos que tienden a conservar y a unir y, por otro, aquellos que tienden a destruir y matar; la antigua y universal antítesis entre el amor y el odio. Y, concordando con Einstein, agregaba que «todo lo que establezca vínculos afectivos entre los hombres debe actuar contra la guerra» y «todo lo que impulse la evolución cultural obra también contra la guerra» (Sigmund Freud, «El porqué de la guerra», Viena, septiembre de 1932, en *Obras completas*, 1997, t. 23, p. 3.207).

No en vano desde antes de Cristo nos llega aquella sentencia de Plauto, el gran comediógrafo latino que expresaba: «*homo hominis lupus*» («el hombre es un lobo para el hombre»). Así, este lobo-hombre tiene la posibilidad de generar en su propia humanidad la enfermedad psicosomática y autodestructiva, al producir transformaciones y alteraciones muchas veces devastadoras y definitivas en sus células y tejidos.

FRUSTRACIONES

La frustración ocurre cuando un ser humano no puede realizar sus deseos o no puede cumplir sus esperanzas o expectativas.

Un diccionario de psicología la define así: «Estado del que se ve privado de una satisfacción legítima, defraudado en sus esperanzas» (Norbert Sillamy, 1969, p. 138). Muchos autores la consideran un «estado interior» desagradable o displacentero que contiene un elemento de **hostilidad**.

Pero, en realidad, la frustración es una reacción general del organismo que ocurre toda vez que un ser humano sufre la pérdida de un objeto de deseo; por ejemplo, cuando pierde la posibilidad de realizar una actividad importante, de concretar un proyecto o de dedicarse a una profesión.

Este deseo, sueño o proyecto es una aspiración, con todo lo que esto significa y comprende como esperanza, ambición, anhelo, afición, pasión, etc. Por eso la frustración pertenece al campo de lo simbólico o de la idea, esto es, de aquello que generamos y producimos en nuestro Yo interior y no en la realidad.

En psicoanálisis existen tres formas o matices diferentes para designar «algo» que falta; una forma es la **castración**, otra es la **privación** y otra es la **frustración**. Empleo este último término justamente porque se refiere a la falta en el plano simbólico, que es también el del lenguaje que hablamos.

Freud, en su artículo de 1918 «Los caminos de la terapia psicoanalítica», manifiesta que «la frustración o privación de algún objeto deseado es la causa de la enfermedad» (Sigmund Freud, 1997, t. 18, p. 2.459). Aun cuando Freud alude aquí a la enfermedad esencialmente psíquica y no a la psicosomática, tiene el valor de señalar la frustración como agente productor de enfermedades, que es lo que aquí sostengo.

Guillermo Jaim Etcheverry explica en un artículo que «al luchar por algo, siempre imaginamos que lo podremos alcanzar. Ésa es la fuerza arrolladora de la Utopía»; por eso, y «precisamente porque somos también los sueños que no hemos concretado, es que seguiremos luchando aun por aquello que intuimos nunca poder lograr», porque «uno es lo que es pero también lo que soñó ser, lo que hace pero también lo que soñó hacer» (Guillermo Jaim Etcheverry, «Lo que no hicimos», en *La Nación Revista*, n.º 2.053, 9 de noviembre de 2008).

Las palabras de este docente y gran pensador nos dejan en una profunda reflexión por la verdad que encierran. De esa manera deberíamos tomar los «fracasos» de nuestros sueños. Así nos evitaríamos el golpe que la frustración da a nuestro cuerpo.

Pero no siempre podemos resolverlo de ese modo. Cuando lo que se siente como perdido o no realizado ha sido de mucha intensidad e importancia —ya porque el sueño, deseo o proyecto ha sido profundo y esencial, ya porque el estado de frustración se prolonga en el tiempo, como ocurre muchas veces en la pareja amorosa—, este agente suele afectar a nuestro cuerpo y, en muchos casos, abre el camino a la enfermedad corporal o psicosomática.

La frustración no es un sentimiento sino una reacción que, cuando no es superada, se presenta como un estado de ánimo o una emoción duradera. Es justamente la prolongación en el tiempo lo que hace posible que la frustración cause daño corporal; cuando el problema del deseo no realizado o frustrado permanece sin resolver, la vivencia de fracaso por la caída del proyecto o del sueño se mantiene en el tiempo y casi sin tregua.

En este tiempo **la rabia** y **el dolor**, dos ingredientes esenciales en toda frustración, comienzan a ejercer una acción desequilibrante sobre las células y los tejidos. Acción lenta y continua por la que se inician inflamaciones, luego enfermedades autoinmunes y, en un grado más complejo, el cáncer.

Juan David Nasio, psicoanalista argentino radicado en Francia, nos dice que **el dolor** expresa una «ruptura violenta» del ritmo o cadena pulsional, lo que «corresponde al enloquecimiento de las tensiones» y, por último, «al cese brusco de la homeostasis del sistema económico del Yo» (Juan David Nasio, 1998, p. 117). Esto significa la evidencia de una ruptura en el equilibrio orgánico, sede de nuestro Yo interior. Y éste es el inicio de la enfermedad psicosomática o corporal.

En relación con la pérdida —otro agente que desarrollaré a continuación de éste— y la frustración, intercalo aquí un inciso necesario.

La ruptura de la pareja amorosa, cualquiera que sea el sexo de ambos, es difícil de sobrellevar y de elaborar, porque comprende siempre dos elementos que revisten gran importancia en relación con las enfermedades psicosomáticas.

Uno de esos elementos es **la pérdida** real del ser amado y lo que esa pérdida conlleva. Nasio nos dice que cuando perdemos a la persona que amamos «perdemos una fuente nutricia», porque «también perdemos la figura animada que, como un apoyo, sostenía el espejo interior que reflejaba nuestras imágenes» (Nasio, *op. cit.*, p. 60).

El otro elemento es la pérdida de los sueños, aspiraciones y expectativas que habíamos proyectado en esa persona. Ésta es **la frustración**: la pérdida o privación de ese objeto interior que es la esperanza (ahora caída, inconclusa, rota) y, junto con ella, del deseo y los anhelos (ahora perdidos, muertos).

Abandonos y pérdidas

Todos los seres humanos sufrimos pérdidas y abandonos. Todos debemos realizar duelos con el fin de superar y dejar atrás esas pérdidas. Aunque no todos los duelos se realicen, son necesarios para vivir mejor un presente que se nos impone y, así, no permanecer ligados a un pasado que fue, que ya no está.

En ocasiones, las pérdidas y los abandonos tienen origen en lo **externo**; componen una larga lista que incluye la pérdida de una relación amorosa, la muerte de un amigo o de un familiar, el abandono de «la tierra de uno» (la ciudad o el país), etc.

También existen las pérdidas **internas**, interiores, que sufren quienes por distintos motivos deben abandonar una meta que se habían propuesto. Éstas corresponden a la frustración, y muchas veces requieren que nos ocupemos de superarlas.

Otras son las pérdidas de **una parte del cuerpo**: una mano, una pierna o incluso un órgano; merecen, por así decirlo, su duelo y junto con él su elaboración, con el fin de resolverlas e integrarlas, de tal forma que el daño no se extienda a otras zonas del propio cuerpo o de lo psíquico y traiga, por ejemplo, una depresión crónica.

Con respecto al sentimiento doloroso que acompaña a las pérdidas, dos especialistas francesas —una de ellas de nacionalidad argentina, para ser exacto— comentan: «Con frecuencia escuchamos que no hay palabras para expresar el sufrimiento que acompaña a la pérdida y el malestar que perdura. La sociedad occidental, reconozcámoslo, no ayuda; nos pide dignidad en el dolor, que no nos quejemos, que enseguida nos comportemos nuevamente "como antes" y nos mostremos en buen estado. Sin embargo, sí hay palabras para hablar del dolor. Pero es preciso que alguien las oiga, las escuche, y también que podamos pronunciarlas sin que nos distraigan, nos cambien el rumbo de la conversación o nos interrumpan» (Anne A. Schützenberger y Evelyne Bissone Jeufroy, 2007, p. 10). Aclaran que, al no poder hablar, no es posible expresar sentimientos, que son reprimidos pero persisten «en la memoria de los cuerpos y de las mentes» (Schützenberger y Bissone Jeufroy, *op. cit.*, p. 11).

Esto nos lleva a considerar al cuerpo como el receptáculo «guardador» de aquellos sentimientos que, por diferentes razones, no pueden expresarse. Pero el cuerpo es también la materia básica que, como órgano efector, genera el espíritu y la vida que anima nuestros movimientos y nuestras decisiones.

Los abandonos y las pérdidas que no han podido superarse permanecen en un estado de sufrimiento que, como «dolencia prolongada y profunda», produce un daño o lesión que no se limita solamente al cuerpo (David B. Morris, 1994, p. 284), pero que en el cuerpo, y al cabo de un tiempo, trae fatiga y comienza a detener y alterar las células y los tejidos de determinados órganos. Como agrega el doctor Morris, ese dolor acarrea también un perjuicio al alma o espíritu.

Si bien hay casos «en que el dolor puede ocurrir sin sufrimiento y éste sin dolor» (Morris, *op. cit.*, p. 284), el procedimiento por el cual los abandonos y las pérdidas pueden afectar y aun lesionar el cuerpo radica en que el dolor de la pérdida se instale y permanezca como un estado de sufrimiento. Este estado actúa en el interior del organismo como un verdadero agente productor, ya que provoca una estasis (detención) de los procesos físico-químicos, con la consiguiente alteración de los intercambios en el interior de las células;

entonces, la perturbación de la actividad enzimática perturba a su vez los mecanismos de neurotransmisión. El tejido y el órgano inician así el largo camino de la enfermedad.

Existen varias formas de lesión: el órgano pierde vitalidad y declina, o el proceso actúa en el órgano como una inflamación, o el órgano pierde estructura y se degenera, etc. Pero no es imprescindible describir cada uno de estos cambios. Lo expuesto basta para indicar que los abandonos y las pérdidas son un agente directo.

El idioma del dolor

Resulta interesante observar la relación entre el estado de sufrimiento, el dolor y el concepto de tragedia.

Hace unos años, en una conferencia que dio en la Sociedad Filosófica de Buenos Aires (SOFIBA), el filósofo Santiago Kovadloff señalaba con claridad que **la tragedia** es un proceso o estado o condición que no finaliza nunca, mientras que **el drama** es una situación o suceso que tiene su fin, que termina.

El dramaturgo francés Jean Anohuil, citado por Luis Ángel Castello, sostiene que la tragedia es «tranquilizadora porque se sabe que en ella no hay más esperanza»; en el drama, en cambio, el ser humano «se debate porque espera salir de él» (Victoria Juliá *et al.*, 1993, p. 50).

La tragedia es la portavoz del sufrimiento humano. Como representación de lo que ocurre en muchas situaciones de abandonos y pérdidas, muestra un sufrimiento que permanece en el interior del ser humano, en su cuerpo. Este sufrimiento —prolongado sufrimiento— es el que, por el camino que he descrito, lleva a la alteración y/o parálisis del órgano.

Pero no es sólo por este sufrimiento prolongado que el órgano se ve afectado y se altera. También el dolor, el brusco dolor de un sufrimiento imprevisto, puede perturbar y detener la función de un órgano.

De la mano de dos iconos del dolor trágico, Edipo y el rey Lear, Morris nos introduce de una manera clara y ejemplificadora en el campo de este dolor brusco y sus consecuencias en el cuerpo y también en el habla, ese habla que surge desde el interior del cuerpo.

Personaje principal de la tragedia griega de Sófocles, Edipo era hijo de Layo, rey de Tebas, y de Yocasta. Al enterarse de que —sin saberlo— había matado a su padre y desposado a su madre, el espanto lo impulsó a arrancarse los ojos. «Cuando Edipo finalmente habla, lo que escuchamos no son palabras; sólo un grito único, reiterado, agónico: el habla ha retrocedido a mero sonido y tormento [...] es un instante, congelado, de dolor» (Morris, *op. cit.*, p. 285).

El rey Lear, protagonista de la obra homónima de Shakespeare, había desheredado a su hija Cordelia por creer que no lo amaba. Ya anciano y enfermo, comprueba su error; pero la hija querida, y por fin reconocida, ha sido asesinada en un complot. Mientras lleva en brazos el cadáver de Cordelia, Lear «emite tres palabras. Pero no son palabras, son sonidos, menos habladas que aulladas como gritos animales: "Howl, howl, howl"» (Morris, *op. cit.*, p. 286).

Por su parte, el psicoanalista argentino José E. Milmaniene reproduce párrafos del escritor Primo Levi, quien en su libro *La tregua* cuenta la historia real de Hurbinek, un niño confinado en un gueto en tiempos del Holocausto. Víctima de la atrocidad que a la edad de tres años lo arrancó de sus padres, este niño no tenía nombre ni sabía hablar. Otro de los confinados —un muchacho de quince años llamado Henek— se pasaba la mitad del día cuidándolo, alimentándolo, limpiándolo y hablándole en su idioma, el húngaro. Al cabo de un tiempo, Hurbinek comienza a decir una palabra. Aparece el habla. Pero ¿qué dice? ¿Qué palabra? No es una palabra en húngaro; es una palabra en un idioma desconocido: «algo parecido a mass-klo, matisklo» (José E. Milmaniene, 2005, p. 144). Es que ya no importaba el significado de esta única palabra; palabra que, arrancada de su pequeño cuerpo, era el sonido del dolor desprendido de su carne. El idioma del **dolor** no tiene idioma.

Las historias de Edipo, el rey Lear y Hurbinek expresan dolores agudos, dolores de tanta intensidad que no pueden ser narrados o relatados. Los autores y comentaristas, al mostrar la tragedia que sufre cada uno de los protagonistas, muestran también que ese dolor y ese sufrimiento incontenibles deforman y desorganizan el sitio corporal del habla. Esto es ya más que suficiente para cualquier mortal.

Pero además es necesario hacer visible y manifiesto que, en estos ejemplos, los agentes productores de ese dolor que afecta directamente el funcionamiento de los órganos del cuerpo —que aquí se muestra con evidencia en el habla— son los abandonos y las pérdidas.

En un libro donde hace un estudio de diversos personajes y escritores, la psicoanalista alemana Alice Miller evoca a Marcel Proust, el novelista francés, que padeció asma desde su infancia. «De pequeño, Marcel no pudo expresar esto con palabras, y las causas de sus miedos permanecieron ocultas a todos. Solo, acostado en la cama, esperaba una demostración de amor de su madre y que ésta le explicara por qué quería que fuese diferente de como era. Y eso le dolía. El dolor era, al parecer, demasiado grande para poder sentirlo, y sus descubrimientos e interrogantes fueron dilucidados desde la literatura y desterrados al reino artístico. A Marcel Proust se le negó la posibilidad de descifrar el enigma de su vida. Creo que "el tiempo perdido" aludía a la vida que no vivió» (Alice Miller, 2005, p. 67).

Patricia Faur, psicoterapeuta especialista en grupos con dependencia afectiva, nos muestra el desarrollo y el final trágico y doloroso de la situación de abandono que vivió María Callas, una de las sopranos más destacadas del mundo. «Abandonada por Onassis, "la Callas", como se la conocía, entra en una espiral de depresión y calmantes, se aísla y se recluye. Cuando vuelve a los escenarios, su voz, ya arruinada, dice de su dolor y de sus ahogados gritos de desamor. Ya no era la magnífica soprano. Murió en París en 1977, sola y encerrada. Algunos dirán que fue un ataque cardíaco, otros dirán que murió de tristeza» (Patricia Faur, 2007, p. 44).

Sin llegar a extremos de depresión y muerte como autodestrucción manifiesta, los ejemplos de abandonos y pérdidas con la enfermedad psicosomática a su lado abundan no sólo en mis historias clínicas sino en las de otros investigadores médicos y psicoterapeutas.

Alfred O. Ludwig, psiquiatra de una escuela médica en Harvard (Estados Unidos), relata el caso de una mujer que «a consecuencia de haber sido rechazada por su marido» comienza a desarrollar signos y síntomas de una evidente artritis (Eric D. Wittkower, R. A. Cleghorn *et al.*, 1966, p. 44).

En general, la medicina clínica tiende a negar las situaciones anímicas y emotivas, y se pierde en búsquedas de factores hereditarios, genéticos y aun infecciosos. Ya lo he dicho en capítulos anteriores, y he comentado que sólo algunas de las enfermedades con un alto componente emocional aparecen en la actualidad bajo el título y concepto de autoinmunes; la artritis reumatoidea es una de ellas.

Frente a este cúmulo de ejemplos, ¿qué esperamos para afirmar el origen emocional de estas enfermedades corporales o psicosomáticas o por autodestrucción? ¿Qué esperamos? ¿Qué esperamos para reconocer en ese dolor trágico, callado e incisivo el agente capaz de alterar la vida celular de un órgano? ¿Qué esperamos?

Noxa o daño propiamente dicho («*vernichtung*»)

Para explicar la índole de este agente diré, ante todo, que noxa es igual a daño. Así se la concebía en la Antigüedad y de igual manera se la considera aquí.

En medicina, noxa es todo agente con capacidad potencial y efectiva de hacer daño. Es todo aquello que lleva en sí el poder de dañar y que, cuando se dan las condiciones que le permiten actuar, produce daño de manera inevitable.

Un ejemplo ayudará a comprender mejor esta noción. La bacteria *Clostridium tetani*, agente del tétanos, es una noxa. En su interior lleva toxinas —capaces de destruir los tejidos— que también son noxas. Estas noxas causan daño únicamente en medios donde falta el oxígeno; en presencia de éste no pueden actuar. Pero aun así son noxas, porque **siempre** poseen la capacidad de dañar.

En esta línea, para el desarrollo de las enfermedades por autodestrucción o psicosomáticas se considera noxa a aquel agente no tangible, pero real y efectivo, provisto de una carga poderosa de violencia y agresividad, que tiene la capacidad plena y propia de causar daño.

La noxa de la que hablo aquí conlleva siempre el poder de dañar el cuerpo y el organismo en su totalidad, y se ubica en la cúspide de la escala ascendente por la magnitud de este poder, equiparable al de un tifón o un tsunami. Pero éstos son daños producidos por la naturaleza, mientras que el daño de esta noxa se produce cuando la acción es ejercida por seres humanos contra otros seres humanos durante un tiempo prolongado.

Una amenaza de muerte, concreta y directa, equivale a una noxa, pues lleva implícita la capacidad de causar daño, no por el hecho final de la muerte, sino por la carga de violencia y agresividad que transporta. Cuando la amenaza dura minutos u horas, en muchos casos (no en todos) sucede que la persona afectada desarrolla un cuadro de estrés postraumático (*véase* el Capítulo 6). En cambio, cuando persiste día tras día durante años, la amenaza se convierte en un verdadero agente patógeno para todos los que la sufren. Contra el tétanos hay una vacuna; ante esta noxa, estamos indefensos.

No existe en la lengua española un vocablo que pueda condensar el sentido y significado de esta noxa, que pueda calificar o definir con precisión este daño. En el idioma alemán se expresa con su verdadero matiz en el término *vernichtung*, que significa **aniquilación, destrucción, exterminio, matanza** y, por extensión, **muerte**. Todo esto en una sola palabra. Por eso doy a esta noxa ese nombre: ***vernichtung***.

Al llegar a este punto debo disculparme. Debo disculparme porque quienes han padecido los efectos de esta noxa, de su poder casi absoluto de daño, no han conseguido, la mayoría de las veces, describirlos en todo su alcance. Ahora también reconozco y admito que «quien no haya vivido el acontecimiento, nunca podrá saberlo. Y quien lo haya sobrevivido nunca podrá revelarlo en su plenitud. El sobreviviente habla en un idioma extranjero. Nunca podrán encontrar la clave» (Elie Wiesel, 1989, p. 199). Absolutamente verdadero. Técnicamente insoslayable. Por eso las palabras que trazaré como un dibujo serán sólo eso: un dibujo.

Pero tengo que hablar. Necesito explicar de qué modo se realiza este daño. Como profesional estoy obligado a hacerlo. Y aquí surge una segunda disculpa que dirijo a los que compartan estas líneas de Elie Wiesel: «Una novela sobre Auschwitz no es una novela o no es sobre Auschwitz. No es posible imaginar Treblinka... Si no se han dado cuenta de ello hasta ahora, ya es tiempo de que lo hagan. Auschwitz significa la muerte —la muerte total, absoluta— del hombre y de la humanidad, de la razón y del corazón, del lenguaje y de los sentidos. Auschwitz es la muerte del tiempo, el final de la creación; su misterio está condenado a permanecer completo, inviolado» (Wiesel, *ibidem*).

Entonces, ¿qué me queda como investigador? La convicción de que mi silencio no ayudará. Aunque no logre explicar con exactitud los efectos de este agente, informaré sobre ellos, porque tal es la línea que sustenta este libro. Debo informar. No debo apartarme de esta tarea y debo cumplirla con cierta precisión. Vuelvo, pues, a pedir disculpas, porque sólo puedo hacer un relato. Sólo un relato que sale de otro relato de algún sobreviviente, y que por ello tal vez no sea del todo fiel. Pero es necesario, porque éste podría compararse con otros relatos. Relatos de situaciones similares y de daños tal vez semejantes.

Esta noxa, que ya ni siquiera puede nombrarse como tal, ha dañado íntegramente al ser humano en todas sus esferas y campos.

- **En lo físico**, provocando daños en diferentes tiempos.

    a) *En lo físico inmediato:* trastornos hormonales severos con suspensión de los ciclos menstruales y de la lactancia; abortos espontáneos; trastornos neurovegetativos; enfermedades de la piel, etc.

b) *En lo físico mediato:* persistencia y cronicidad de los trastornos hormonales y las alteraciones neurovegetativas; gastritis, diarreas; disfunciones cerebrales, mareos y caídas, gran inestabilidad, hemiplejías, etc. (trastornos que precipitaron la muerte).

c) *En lo físico ulterior o final* (después de la liberación de las personas). Aun con escasas estadísticas médicas mundiales, en ciertos casos ha sido posible comprobar una relación entre el anterior confinamiento prolongado y enfermedades crónicas graves: ileítis crónicas, tumores ganglionares, tumores cerebrales, neoplasias gástricas e intestinales (colónicas con mayor frecuencia), etc.

- **En lo psíquico.** La acción dañosa de este agente comprende un abanico de patologías que van desde neurosis de angustia y fóbica hasta cuadros de depresión y, en un grado extremo, melancolía. Pero el rasgo común en este daño psíquico es que el agente ha dañado justamente la condición del ser humano. Ha afectado a su «ser» como humano. Ha afectado a su identidad, el lugar donde comienza a reconocerse como persona.

- **En lo moral,** dañando aquellos principios que guían al ser humano hacia el respeto y hacia la consideración por sus semejantes. Este agente causa:

  - la pérdida o menoscabo de la autonomía;
  - la pérdida o menoscabo de la noción de justicia;
  - la pérdida de la libertad y el daño consecuente;
  - la humillación, por el ataque a la dignidad y la falta de un respeto humano hacia el semejante.

- **En lo espiritual.** «El espíritu es la sustancia, el potencial humano inherente a cada individuo» (Sergio Bergman, 2008, p. 21). Este agente trasciende lo corporal, lo psíquico y lo moral y daña esta «sustancia», que es la médula potencial del ser humano. Lo espiritual empuja y dirige al ser humano a conducirse al bien. No es sólo una cuestión religiosa: se extiende a la disposición de ofrendar, construir y desplegar desinteresadamente sentidos y caminos de amor y justicia. Como señala el rabino Sergio Bergman, «no será D-s el que construya, sino quien nos inspire en una construcción que es exclusivamente nuestra» (Bergman, *op. cit.*, p. 125). Este agente ha quebrantado seriamente el sentido de la vida y la lucha contra el «vacío existencial» (Viktor E. Frankl, 2001, p. 146).

Sin comparación posible

Una experiencia como la del Holocausto va, como hemos visto, mucho más allá del estrés (común o postraumático), y no puede ser considerada como tal. Quizás esta aclaración parezca superflua; sin embargo, no debería faltar en ningún manual de psiquiatría o de psicología que trate sobre la conducta y sus trastornos.

La acción que lleva a la aniquilación de la persona no es comparable con ningún otro cuadro potencialmente enfermante. Esa acción destructiva penetra en el individuo y lo desgarra en su interior; así, le impide separarse de ese hecho y elaborarlo.

Su acción lesiva se extiende a la identidad de la persona que lo ha padecido y a los campos que constituyen los fundamentos del vivir humano. Ningún estrés, por enérgico que fuere, podría tener este efecto aniquilador.

Aunque la descripción de los horrores de este agente va más allá de toda información y precisión, el breve relato de Etka, una muchacha de diecisiete años, aporta cierta claridad sobre sus efectos destructivos y disruptivos. «Nuestro más profundo ser estaba lacerado. Nuestro organismo femenino dejó de funcionar como tal, mi desarrollo como mujer se vio interrumpido. Mi hermana y mi madre, al igual que yo, dejaron de menstruar. Era como si nos secáramos, al igual que plantas abandonadas al calor inclemente del sol en un desierto. Como si el tiempo se hubiera detenido en una nada inmensa, dolorosa, un abismo inexplicable que dejaba a las personas con las bocas abiertas en un rictus de desesperación» (Etka Ursztein, 2006, p. 48). Etka estuvo confinada en el gueto de Lodz, en Polonia occidental. Es sobreviviente de la Shoá, término hebreo que significa aniquilación.

Ahora, en esta tiniebla del horror humano, donde hasta la noxa o daño ha perdido su condición de tal, se levanta la voz de un muchacho de dieciséis años que nos ha dejado para siempre su poema «La mariposa» como un eco del ayer, como una plegaria, para que nunca la olvidemos: «Aquel último resplandor / de agudo y fuerte amarillo, / más vivo que el del sol, / es una lágrima sobre la piedra blanca. / Un amarillo así que volaba ligero y muy alto / como buscando algo, / quería sin duda besar el final de un mundo. / Llevo siete semanas encerrado en el gueto, / los míos me encontraron llamándome / como antes me llamaban: "diente de león". / He visto el ramo blanco del castaño, / pero no he visto aquí las mariposas. / Aquel resplandor de entonces era el último / pues aquí, aquí no vuelan las mariposas...». Pavel Friedman, que escribió esta poesía en 1942 en el gueto-ciudad de Terezin, murió en el campo de exterminio de Auschwitz en 1944.

¿Cómo podemos luchar contra esta aniquilación humana? Una sobreviviente nos facilita una respuesta: «¿Cómo luchar contra los fantasmas del espanto? ¿Cómo convivir con el dolor que la distancia del tiempo perpetúa? Sólo hay una vía, un solo camino para enfrentar tanto dolor, y es el recuerdo. Recordar para no repetir, recordar para evocar los instantes de vida en medio de tanta muerte, recordar para enrostrarle al miedo que ni siquiera el exterminio puede contra la memoria de un pueblo» (Anna Bermann, 1995, p. 241).

Otro sobreviviente la completa: «Dios de misericordia, no me precipites en el kafhakéla, ese abismo donde toda vida, toda esperanza y toda luz están cubiertas de olvido. Dios de verdad, acuérdate de que, sin la memoria, la verdad se convierte en mentira... No quiero olvidar nada. Ni a los muertos ni a los vivos. Ni las voces ni los silencios... Olvidar es abandonar... ¿Qué testigo sería yo sin mi memoria?» (Elie Wiesel, «Oración a Elhanan»).

Capítulo 8
El lenguaje de los órganos

Hemos estado viajando en un tren. Ha sido un largo viaje. Debemos recordar lo que hemos visto para contarlo a nuestros familiares cuando nos pregunten. Conviene, pues, hacer un resumen de lo que encontramos en cada una de las estaciones anteriores.

- En el Capítulo 1 hemos cruzado el campo psicosomático. Hemos tomado contacto con el cuerpo sensible y viviente que late en nuestro interior y hemos sabido que lo corporal siempre va acompañado de lo psíquico, gestado en la propia «carne» o entraña del cuerpo, en la materia de sus células, de sus tejidos y de sus órganos. Hemos notado además que, desde el medio externo, lo familiar, lo social y lo cultural dejan sus señales en el cuerpo interior.
- En el Capítulo 2 hemos conocido los tres factores que intervienen en la producción de la enfermedad psicosomática, y que vienen justamente de los distintos sectores de aquel campo que habíamos atravesado: en lo interno están los factores psíquicos y los factores orgánicos; en lo externo se ubican los agentes productores.
- En el Capítulo 3 nos hemos acercado a algunas de las vivencias o fuerzas psíquicas que son condiciones para el desarrollo de la enfermedad psicosomática: la ira, la sobreadaptación, el conflicto, la alexitimia.

- En el Capítulo 4 hemos admirado con asombro el paisaje del factor genético. Pero nos ha quedado claro que para comprender las causas de la enfermedad psicosomática no basta con investigar los genes, sino que se deben estudiar también las condiciones externas (medio) e internas (personalidad) en que se desarrollan.

- En el Capítulo 5 nos hemos detenido en la rara estación de las enfermedades autoinmunes y hemos comprobado que todas ellas tienen un alto compromiso emocional.

- En el Capítulo 6 hemos pasado un tiempo con el estrés y hemos visto que, cuando se prolonga, suelen aparecer el agotamiento, la fatiga, la carga libidinal de un órgano y su regresión a ciertos estados anteriores; por estos caminos puede llegar a producirse alguna enfermedad psicosomática.

- En el Capítulo 7 nos hemos enfrentado con los agentes productores, sus particularidades y su acción. El último tramo del itinerario ha sido muy triste. Mientras lo escribía se trastocaban en mi interior los trenes del horror y del salvajismo humano con los que, de niño, me llevaban a Salta. Allí me esperaban todos mis familiares, por eso lo vivía como una fiesta; fiesta que, ya de adulto, se mezcló siempre en mí con aquellos vagones llenos de dolor y de espanto. Mi fiesta; el profundo dolor, la tristeza infinita y la enorme soledad de otros. Tal vez algún día pueda resolver este dilema que se instaló en mí. Agitados, reanudamos el viaje, como escapando de esos agentes productores. Mejor tenerlos alejados.

Ahora nos preguntamos: ¿falta mucho por recorrer? ¿Cuántas estaciones quedan? Sólo una. Nos aproximamos al final, a la última estación. A la estación donde nos espera el órgano. Es nuestro tema. Nuestro gran tema. No desperdiciemos esta oportunidad de hablar con el órgano.

Escuchemos un poco de lo mucho que tiene que decirnos. Anotemos los conceptos más importantes. Si no, ¿qué contaremos a nuestro regreso?

El tren ha llegado al final de su trayecto. Los carteles nos indican que ésta es la última estación. Descendamos.

EL ÓRGANO HABLA

Como acabo de resumir, existen muchos factores que posibilitan la producción de las enfermedades del cuerpo o psicosomáticas. Posibilitan pero no definen. Aún nos falta ver lo que define y produce finalmente la enfermedad: **el órgano**.

Quiero recordar lo que al comienzo de este libro he aclarado: que cuando me refiero al órgano abarco también el conjunto de células y tejidos que lo componen. Órgano es todo eso.

¿El órgano habla? ¿Los órganos hablan? Sí, los órganos hablan. Su idioma es el habla.

El habla es la lengua que usamos para expresar algo. El habla está en el interior de nuestro cuerpo, en el órgano.

El habla es una estación viva, desde donde parten vocablos que el habla misma, en su lengua, ordena, organiza y luego combina.

El habla es esa voz, proveniente de los órganos y del cuerpo, que explica el destino y la enfermedad.

«Se diría que Pedro se come a sí mismo poco a poco / se diría que se gasta por dentro y que pronto va a disolverse / bruscamente, en una última convulsión. / Su piel parece muy frágil, y como el único asiento de su vida. / Porque en su interior hay tan sólo noche y aridez. / Su sangre, su corazón, su dignidad están en esa piel que se esfuerza por conservar intactos los rasgos de Pedro...» (Gisèle Prassinos, «El hombre de la tristeza»).

Los poetas saben de esa voz, del habla que la compone y del cuerpo que la alimenta. Los poetas hablan; los investigadores, también.

Diana Sperling, filósofa y escritora, al hablar del deseo y del lenguaje, nos lleva hasta la *kabalah*. Nos dice que allí hay «un esfuerzo por desplegar el lenguaje hasta sus máximas consecuencias». Y allí, en esa *kabalah*, «los espacios entre las letras, los silencios, son a su vez para los cabalistas signos, modos de expresión de ese Dios cuya presencia en la historia se hace sentir aun bajo las formas de la ausencia» (Diana Sperling, 2001, p. 179).

Para adentrarnos más en el conocimiento de las enfermedades del cuerpo o psicosomáticas deberíamos hurgar en esa *kabalah* y, así, ocupar los silencios con los signos y las letras adecuadas, los que darán la evidencia de la corporalidad y de la penetración en ella por el habla y por la voz.

La voz sale del cuerpo

En relación con la voz y el cuerpo, recuerdo una anécdota personal. En una época viajaba con frecuencia a Asunción (Paraguay) para dar conferencias en una facultad. Como en el auditorio no había micrófono, tenía que elevar bastante la voz. Una psicóloga amiga, Estela, acertadamente me sugirió que recibiera clases de voz y me recomendó a una fonoaudióloga de mucha experiencia. Me presenté el primer día con un maletín, traje, camisa y corbata, ya que desde ahí seguiría directamente a cumplir con mi tarea en un policlínico. A mi llegada, la licenciada en Fonoaudiología Silvia S. me hace recostar en una colchoneta, igual que a los otros alumnos. Nos pide que nos relajemos y comencemos a emitir sonidos, con algunos vocablos —¡uh!, ¡ah!, ¡oh!, ¡ahora!, ¡sí!, ¡no!—, al tiempo que movemos los brazos y la cabeza.

Mi sorpresa y mi intranquilidad eran evidentes; de no haber tenido una gran confianza en mi amiga Estela, no habría dudado en retirarme de allí con cualquier pretexto. No sé qué me mantuvo haciendo esa gimnasia para mí un tanto aparatosa y ridícula. Después de una media hora interminable, hubo una especie de descanso, que aproveché para acercarme a Silvia S. y decirle: «Yo he venido para mejorar mi voz... doy conferencias...». «Sí —me respondió—, todos vienen por la voz, igual que usted.» Y con una sonrisa llena de picardía y sabiduría agregó: «¿Sabe? La voz que aparece en su garganta viene del cuerpo. La voz sale del interior de su cuerpo; la garganta sólo la emite y la modula».

La voz sale del cuerpo. Excelente. Gran lección. La voz sale del cuerpo y no sólo de la garganta. Éste fue el mensaje que esa experta fonoaudióloga me dejó, y éste es el mensaje que dejo a los lectores y a los investigadores del campo de las enfermedades psicosomáticas.

El habla toma forma

Del cuerpo sale la voz que en ocasiones habla. Habla **desde algún órgano**, porque el cuerpo y los órganos hablan.

«Me llamo Carolina, viví siempre peleada con mi madre porque no me cuidó, ni me atendió como cualquier madre debe hacer con una hija. Tantas veces la llamé... ¡tantas! Tantas veces en mi interior a solas decía: "¡Mamá! Mamá, ¿dónde estás?". Y tantas veces la aborrecí y pensé para qué me tuvo... ¡tantas!»

Frente a Carolina nos preguntamos, entonces: ¿qué tendrá que ver todo esto con el cáncer de mama que a los cuarenta años desarrolló en uno de sus pechos?

¿Casualidad? ¿Puro azar? ¿Genética pura? ¿Buscar una conexión entre el conflicto y el cáncer será un pensamiento extravagante? Tal vez, pero en tal caso deberíamos explicar mejor por qué tantas mujeres con cáncer de mama han tenido una relación problemática, hostil y realmente conflictiva con su madre.

¿Es una agresión vuelta hacia la propia persona? No lo sabemos; no podemos afirmarlo de manera tan sencilla.

¿Es un deseo no explicitado? Lo ignoramos; es posible, sólo que ¿cuál? ¿De qué deseo se trata?

Sabemos, sí, que es un flujo de acción que sale de la mama y que habla. Habla de algo. Habla desde el sitio mismo de su problemática.

El habla ha tomado aquí una forma que se muestra en lo biológico, porque desde allí ha partido. El habla sale del cuerpo, de ese órgano: la mama. Salió de ese pecho de Carolina, y todavía no sabemos bien qué palabras organizó desde allí, porque como se definió así, desde una forma biológica, todavía no nos es posible «leerla» o «traducirla».

Para ello se hace necesario efectuar una **reducción**, descender hacia ese flujo del habla y de la voz, y escuchar lo que Carolina «quiso» decir en un sentido totalmente inconsciente.

Estamos bastante seguros de que no puede haber dicho una sola cosa. En ese habla que gestó en su interior, en su cuerpo interno, pudo decir o querer decir tal vez «¡mamá!» o «¡amor!» o «¡ma!» o «¡am!» o «¡mamo!» o todo eso junto. Quizá también, al igual que aquel niño Hurbinek, confinado en un gueto, haya dicho palabras parecidas a «¡mass-klo!» o «¡matisklo!», que son también palabras-expresiones de un dolor desprendido de la carne. El idioma del dolor no tiene idioma.

En este surgimiento de la letra o del lenguaje somático, es preciso entrar en el campo de lo psíquico y hacer mención del **deseo**. Aun cuando la amplitud del tema excede los límites de este texto, no me puedo permitir apartarlo, ya que me he propuesto sostener que la lengua y el lenguaje son el elemento viviente o código activo en la producción última de las enfermedades psicosomáticas.

Diana Sperling nos dice que «ver cómo una cultura piensa y vive el deseo es ver, también, qué hace con la totalidad de su pensar y vivir» (Diana Sperling, 2001, p. 48).

El deseo ocupa un sitio muy especial en el pensamiento psicoanalítico. Podría decirse, no sé si exageradamente, que el deseo está en el centro del inconsciente humano. Es una pieza fundamental. Y por su forma nos lleva hacia ese lugar donde se gesta la enfermedad psicosomática. Por esto he señalado, ya en el inicio de este libro, que la autodestrucción está muy comprometida con el campo de lo inconsciente. La «llamada» del órgano nos espera. Sigamos avanzando con los distintos aspectos que, de igual manera y por otras vías, se relacionan con este deseo. Con el deseo y el cuerpo. El cuerpo y el habla. El habla y los órganos o el órgano «designado» en cuestión.

EL INTERLOCUTOR PRIMORDIAL

En este campo, que aparenta ser dominio de lo psicológico, encuentro que muchos escritores y estudiosos de la lengua, del idioma y de la lingüística «tocan» y abordan el problema de lo psicosomático y de la enfermedad; lo tienen allí delante y... no, porque la misión que ellos tienen es otra. Pero están muy cerca.

Lacan y su escuela psicoanalítica emplean el término «significante», que no es exactamente lo mismo que «palabra» y que tiene valor en relación con otros elementos y con la ubicación que ocupa en el desarrollo, por parte de un paciente, de un relato, de un tema o de una historia. Pero el órgano habla en otro idioma. Por ello, cuando aparecen los relatos de aquellos seres que han enfermado, busco en el habla de sus órganos la clave y me encuentro más unido a la lengua y a los lenguajes que a otros caminos, aun los psicológicos. El campo psicosomático está más cerca de la lengua y del habla de lo que imaginamos.

Leo lo que dice Ivonne Bordelois, doctora en Lingüística, y me sorprendo una y otra vez cuando expone con claridad todo lo que yo mismo, después de muchos años, he logrado descubrir sobre los órganos para el estudio de la enfermedad psicosomática. Al comienzo de su excepcional *Etimología de las pasiones*, en el capítulo 1, «El lenguaje, ¿un nuevo orden?», dirigiéndose al lector dice: «En este texto hemos tratado de enfrentarnos con un interlocutor que acaso pueda dar una de las respuestas más profundas e inesperadas a esa pregunta inagotable acerca de la pasión: el lenguaje. En el alba del acontecer humano, a partir de su encuentro con el fuego, el hombre va profiriendo los vocablos que se refieren a su sentir primordial, grabando las poderosas huellas de un conocimiento asombrado y asombroso acerca de su propia experiencia. Desde la inmediatez de su propio cuerpo va erigiendo el mundo todavía indiferenciado de los sentidos, sentimientos, pasiones y pensamientos, entrelazados a través de vías misteriosas que se relacionan entre sí. Esta poderosa relación sigue reverberando a través de palabras que repican en lenguas lejanamente emparentadas como campanas de catedrales sumergidas, llamándose unas a otras» (Ivonne Bordelois, 2006, p. 16).

Más adelante logra hacer visible de manera elocuente la referencia del habla y su conexión con el cuerpo y, por extensión, con la enfermedad: «Los etimólogos están demasiado enfrascados en sus búsquedas formales para recibir la enormidad del material que manejan; los filósofos y psicólogos, demasiado inmersos en sus propias teorías para escuchar el habla que habla, según Heidegger. No sólo habla: relata, adivina, predice —si se sabe escucharla—; ésta es entonces una invitación para que asistamos a esa vida escondida de las palabras que nos están hablando desde lejos, encontrando sólo la resistencia de los que no desean escucharlas. Ojalá que a través de este texto el lector pueda hacer suyo este viaje por el laberinto del lenguaje, en el centro del cual acaso no habite el Minotauro, sino nuestro propio y oculto corazón» (Bordelois, *op. cit.*, p. 17).

No me quedan palabras para agregar a estos notables conceptos, porque todos ellos dan una visión acabada y exacta de lo que encontramos en plena «médula» de las afecciones psicosomáticas. Parece que esta brillante lingüista fuera también una avezada médica o psicóloga que ha descubierto el proceso del enfermar: «La palabra, que nos distingue como especie, permanece todavía inaccesible para nosotros en su origen» (Bordelois, *op. cit.*, p. 24). Y luego agrega: «Este interlocutor primordial proviene de una misteriosa floración inconsciente y colectiva, como la definía Saussure, tan ajena a las ideologías como a las filosofías, y semeja una vasta esfinge que yace tendida hace siglos esperando una interrogación orientada a la sabiduría profunda y riquísima encerrada en múltiples estratos de experiencia, tanteos de reflexión, buceos expresivos del grupo humano emergiendo a la conciencia» (Bordelois, *op. cit.*, p. 28).

Las ideas y conceptos de Ivonne Bordelois son los mismos que, como investigador y estudioso del campo de la enfermedad psicosomática o somatopsíquica, intento desgranar aquí. No sólo vienen desde hace tiempo, sino que son la expresión de una realidad cada vez más constatable: el habla es esa «vasta esfinge» que está esperando esa interrogación y esa revelación. Y el habla está ligada al cuerpo y, por tanto, al órgano. Su estudio y su riqueza semántica serán la clave para comprender su génesis y su acción en nuestro cuerpo, porque el habla proyecta y es ese flujo de acción que desarrolla en el cuerpo movimientos, temblores, detenciones y, también, la enfermedad.

El habla es la condición de posibilidad de ciertos fenómenos corporales y más aun del enfermar.

Volver al cuerpo

El doctor Ricardo Bernardi, que fue vicepresidente de la Asociación Psicoanalítica Internacional (IPA), nos acerca más a lo que trato de exponer: «Cuando hablo de un cuerpo único, pero suficientemente complejo, me refiero al hecho de que los diferentes discursos sobre el cuerpo se refieren a una realidad única. Somos tanto el cuerpo que puede chocar con una puerta como el cuerpo que, por ejemplo, en la anorexia, puede representarse a sí mismo más ancho que el espacio que ocupa al pasar por esa puerta. Existe un único cuerpo del que hablan los poetas, que es comercializado por la moda, entregado al amor, desvitalizado por la depresión, herido por la violencia o sanado por el calor humano» (Ricardo Bernardi, conferencia dictada en el II Congreso de Psicoanálisis y XII Jornadas Científicas «El cuerpo en psicoanálisis», en Alfredo Maladesky, Marcela López y Zulema López Ozores, 2005, p. 42).

Bernardi considera al cuerpo como eje y médula de los procesos, y en estos caracteres está el cuerpo que enferma. Es lo mismo que sostengo yo. Bernardi enseguida agrega este comentario: «De lo anterior se desprende que no comparto la afirmación de que el cuerpo del que habla el psicoanálisis es un cuerpo que no guarda relación con el cuerpo biológico. Se podría decir —con razón— que el psicoanálisis y la biología no hablan de la misma manera, pero incluso esta afirmación habría que relativizarla, pues frente a ciertos problemas es necesario encontrar un modo de hablar que sea comprensible para todos. Esto no quiere decir que sea posible, y ni siquiera necesario, un lenguaje único, sino una más modesta aceptación de la necesidad de traducción y complementación entre abordajes que son todos ellos parciales y provisorios. El psicoanálisis puede ir muy lejos en la comprensión de la geografía inconsciente del cuerpo, pero puede también quedar preso de un cierto afán imperialista» (Bernardi, *op. cit.*, p. 42).

Ubicar al cuerpo como eje y centro de las enfermedades llamadas psicosomáticas no es más que devolver al cuerpo lo que le pertenece.

Debemos volver al cuerpo para encontrarnos con su vida y con su habla. Como el cuerpo habla en la lengua de su habla, veamos un poco cuál es ese habla. Porque en el cuerpo está el órgano, nuestra última estación.

Mientras escribo esto cae en mis manos un libro sobre la drogadicción. En él, la doctora Raquel Peyraube, de Uruguay, al exponer la modalidad terapéutica, dice lo siguiente: «También es posible abordarla desde el cuerpo, partiendo de la teoría de W. Reich que postula que toda tensión muscular tiene su historia y su disolución; no sólo libera energía sino que lleva a la conciencia la vivencia traumática que le dio origen» (José Barrionuevo, 1996, p. 39).

En relación con la gimnasia consciente, la misma autora agrega: «Logra la liberación del afecto almacenado en el cuerpo burlando las estructuras defensivas» (Barrionuevo, *ibidem*). Esto me trae el recuerdo de María Rosa, una paciente que, casi al final de una prolongada sesión de masajes en su columna, comenzó a revivir un episodio familiar que tenía reprimido: el padre actuando con violencia hacia la madre y ella, que era muy pequeña, buscando refugio debajo de una mesa.

El cuerpo guarda, almacena imágenes. Es también nuestra memoria. El lenguaje está en nuestros órganos, en nuestro cuerpo y en nuestra habla.

Tenemos que ir a buscar ese lenguaje. Debemos adentrarnos en él. Debemos usar nuestro idioma, nuestra habla, para extraer sus recuerdos, para encontrarnos y encontrar nuestro ser.

El habla y la transcripción fonética

Hay varios relatos que muestran este camino. Uno de ellos es el de Clarice Lispector, escritora extraordinaria por la belleza y claridad de sus textos, que en su libro *La pasión según G. H.* se hunde en sí misma hasta tomar contacto con su cuerpo interior y, allí, con el habla. «Vuelta hacia mi interior, como un ciego ausculta su propia atención, me sentía por vez primera toda habitada por un instinto...» (Clarice Lispector, 1988, p. 45); «... traducir lo desconocido a un idioma que desconozco, y sin entender siquiera las señales...»; «Las señales telegráficas. El mundo erizado de antenas y yo captando la señal. Sólo podré hacer la transcripción fonética. Hace tres mil años me extravié y lo que ha quedado son fragmentos fonéticos de mí...» (Lispector, *op. cit.*, p. 19).

Descubrí el relato de este viaje interior gracias a María Angélica Basualdo, licenciada en Letras, quien lo comenta así: «La anécdota sobre la que se asienta la novela es sorprendentemente mínima y trivial: un día de soledad y ocio en la vida de una mujer, arquitecta y de un estatus típicamente burgués, que le permite cortar el ciclo de la urgencia productiva de lo cotidiano e instalarse en el divagar. A partir de allí, cuerpo y pensamiento irán juntos...» (María Angélica Basualdo, 1994).

En un ejercicio no exento de enorme esfuerzo, la protagonista, G. H., desciende al interior de sí misma y va logrando dejar de lado o suspender todo tipo de conocimiento y de apoyo racional, y aun sensitivo, para estar frente a sí misma, frente a su interior y en contacto con su propia habla: la fonética. Todo el relato es muestra y evidencia de alguien que, sin total conciencia de lo que halla, efectúa justamente **el descubrimiento de su habla, de su fonética, anclada en el cuerpo.**

Hemos leído a muchos escritores y poetas que extraen de su interior, como en una pesca inusual y atípica, esa voz de su habla, la mayoría sin advertirlo. Pero Clarice Lispector lo hace hundiéndose conscientemente en su interior. En este viaje, G. H. no sabe con qué va a encontrarse, lo ignora: «Hasta entonces no había tenido el valor de dejarme guiar por lo que no conozco y rumbo a lo que desconozco: mis previsiones condicionaban de antemano lo que vería» (Lispector, *op. cit.*, p. 15).

«Cuerpo y pensamiento irán juntos...» María Angélica Basualdo ha definido con precisión esta alianza indisoluble. Porque «la aventura de *La pasión según G. H.*» es en realidad la aventura de una formidable reducción metodológica por la que se alcanza este plano corporal y mental o corporal y fonético, como la propia Lispector lo nombra.

Basualdo ha «traducido» de manera ejemplar esta integración pensamiento-materia que, como crisis del «habla narrativa», nos enfrenta de lleno con nuestra habla. En su escrito monográfico, de notable belleza, nos cuenta: «El texto plantea una única y mínima intriga; "algo" ha sucedido, experiencia límite que constituye el origen de la escritura» (Basualdo, *op. cit.*). Aquí podemos aclarar que constituye también el origen del habla. Ese habla que surge de nuestro cuerpo y de sus órganos.

Si atribuyo a esta novela un carácter de reducción metodológica es porque, en el comienzo, Lispector propone «eliminar la "tercera pierna", es decir, todo lo aparente, lo superfluo, lo impuesto, que obstaculiza el conocimiento del propio ser» (Basualdo, *op. cit.*). G. H. ha dejado de lado lo conocido, lo aprehendido, la naturaleza y el mundo como tal, para empezar a «ver».

Y si reproduzco lo que una especialista en Letras analiza y explica sobre lo que aparece en la obra es porque, sin proponérselo, ambas escritoras hablan de lo que hablan los pacientes con enfermedades del cuerpo o, mejor, ambas hablan de lo que habla la enfermedad instalada en el cuerpo y en un órgano. Ellas son, sin saberlo, «especialistas» en enfermedades corporales o psicosomáticas. Paradojas del destino; mientras buscaba el origen de las enfermedades orgánicas y la autodestrucción, me he encontrado, por otra vía, con el cuerpo, con el órgano y, allí, con el habla.

Las citas de Basualdo sobre el libro de Lispector son reveladoras de que ambas escritoras se han adelantado en sus conceptos a aquello que estoy tratando de expresar en este libro acerca del origen de la enfermedad corporal: «La escisión es tan grande que el supremo esfuerzo sólo logra un éxito a medias: la comprobación de esta profunda fractura. Si tenemos en cuenta que el asco se instala a partir de la represión, la conciencia aparece más como un impedimento que como una liberación» (Basualdo, *op. cit.*).

Para el estudio de las enfermedades del cuerpo o somatopsíquicas será necesario dejar de lado ese obstáculo: esa conciencia y esa atención que nos impiden introducirnos en el fenómeno de la producción de la enfermedad. La conciencia se forma y aparece después del fenómeno mismo. La conciencia podrá luego explicar el hecho. Pero el hecho ya está «hecho». La conciencia ha llegado tarde y el fenómeno ya se ha producido. La conciencia sólo lo explica.

«Si es necesario "morir" a la ilusión romántica del escritor como inspirado y a la confianza realista en la capacidad mimética del lenguaje, la palabra será puesta a prueba por G. H. en toda su actividad expresiva. De esta manera, el texto mostrará el "revés de la trama", el proceso de escribir no como algo acabado sino en el acto mismo de probar, elegir, ensayar» (Basualdo, *op. cit.*).

En ese revés de la trama, el texto nos mostrará el proceso del habla en el acto mismo de hablar, de encontrar el vocablo, de armarlo para expresarlo. Según la forma que se dé a la expresión, podrá dar origen a la enfermedad.

María Angélica Basualdo interpreta cabalmente a Clarice Lispector, porque explica que el escribir o la escritura —como el habla— es el acto mismo, el hecho mismo, el fenómeno en sí. Y esto es lo que encontramos en la enfermedad: aquí está su origen, el fenómeno vivo de su gestación, la forma que toma en el acto de producirse, de inscribirse como habla.

Otro de los comentarios que extraje del escrito de María Angélica Basualdo sobre el libro de Clarice Lispector nos permite aprehender cómo la protagonista se hunde en sí misma en el camino de su búsqueda.

«Me pareció que el doloroso itinerario introspectivo de G. H. en busca del sentido de su existencia la conectaba con ese pasado perdido y con la necesidad de volver a esa inocencia primera de la mente y de la palabra, para aprender a mirar, a sentir, a nombrar... y que esa "aventura" atravesaba y constituía la escritura en términos de descubrimiento, de rebelión, de gozosa muerte, de doloroso reconocimiento. La mujer que emerge de esa "catábasis"* no es una heroína mítica, sino profundamente humana y ahora consciente de sus limitaciones, pero no a partir de la angustia de un ser sin raíces, sino del doloroso proceso de preguntarse y conocerse después de haber quebrado los límites y las diferencias. "Tendré que correr el

---

* Catábasis: significa descenso; en este caso, un descenso hacia el interior de uno mismo.

sagrado riesgo del acaso y substituiré el destino por la probabilidad"» (Basualdo, *op. cit.*).

Basualdo define aquí lo esencial del habla, ese «sitio» donde se encuentra «la raíz», que es justamente la propia raíz: aquel ser que se pregunta y lo pone en palabras y busca así conocerse al introducirse en sí mismo. Por eso abraza el acaso —el adverbio de duda— y sustituye el destino —la meta indubitable— por aquello que es tan sólo potencial e incierto. Pero en este «paso» está la realidad.

Al encuentro del habla

Dejemos ahora que G. H., de la mano de su creadora Clarice Lispector, nos guíe en ese viaje que lleva al cuerpo interior y junto a él a la palabra, esa catedral.

«Vuelta hacia mi interior, como un ciego ausculta su propia atención, me sentía por vez primera toda habitada por un instinto» (Lispector, *op. cit.*, p. 45). Notable descripción de su encuentro con el «instinto», con su raíz.

«Había retrocedido hasta la médula de mis huesos, mi último reducto» (Lispector, *op. cit.*, p. 54). Con una visión clara revela hasta dónde ha retrocedido (se ha vuelto) hacia el interior de sí misma.

«Pensando en la sal de los ojos de la cucaracha, con el suspiro de quien va a verse obligado a ceder un paso más, comprendí que aún me servía de la antigua belleza humana: la sal. Tenía que abandonar también esto, pues lo que estaba a punto de ver era aun anterior a lo humano» (Lispector, *op. cit.*, p. 72). Reitera el tema de dejar de lado todo lo que tenga relación con el mundo natural (la belleza, la sal) para así conectarse con su ser interior y de esta forma «verlo»; situación que refiere a algo «anterior» a lo humano, cuando en realidad «es» lo humano.

«Todo momento de "falta de sentido" es exactamente la aterradora certidumbre de que allí hay un sentido...» (Lispector, *op. cit.*,

p. 31). Expresa que al dejar el mundo de los sentidos y de las cosas naturales nos encontramos con el mundo donde en realidad aparecen los «sentidos», aquellos verdaderos y puros «sentidos» interiores. Aquello que está anclado en nuestro cuerpo.

«Ahora comprendo que aquello que había comenzado a sentir era ya la alegría, lo que aún no había reconocido ni entendido... era una alegría sin redención, no sé explicarte, pero era una alegría sin esperanza» (Lispector, *op. cit.*, p. 62). Sostiene que el encuentro profundo con ella, con su alegría interior «básica», es una alegría «rasa», esto es, sin añadiduras y por eso «sin esperanza». G. H. está adentrándose cada vez más en su mundo interior, en la búsqueda de su ser.

«Parece que voy a tener que renunciar a todo lo que dejo atrás de los portones. Y sé, sabía que, si cruzaba los portones que están siempre abiertos, entraría en el seno de la naturaleza» (Lispector, *op. cit.*, p. 70). El cruzar los portones es el adentrarse en la profundidad de sí misma, en su seno (el seno de la naturaleza). Está entrando en su cuerpo, la raíz.

«Ah, todo mi ser está sufriendo por tener que abandonar lo que era para mí el mundo» (Lispector, *op. cit.*, p. 139). Al «desprenderse» del mundo, sufre porque lo vive como si abandonara el mundo (el lugar) de donde viene.

«Quiero la materia de las cosas. La humanidad está impregnada de humanización, como si fuese necesario; y esa falsa humanización estorba al hombre y a su humanidad. Existe algo que es más ancho, más sordo, más profundo, menos bueno, menos ruin, menos bello. Aunque también ese algo corra el peligro de llegar a transformarse, en nuestras manos groseras, en "pureza", nuestras manos que son groseras y están llenas de palabras» (Lispector, *op. cit.*, p. 138). Una vez más hace evidente que ese camino o esa transformación interior la lleva —nos lleva— a algo más puro, más genuino; sin la bondad y sin la belleza, que son los elementos constituyentes de nuestro mundo porque nosotros, los humanos, construimos el mundo con ellas.

La prodigiosa Clarice Lispector nos maravilla con esta admirable metáfora: «... nuestras manos que son groseras y están llenas de palabras». Con ella nos dice que nuestros actos, nuestras ideas, nuestros hechos, nuestro mundo (nuestras manos) están llenos de ese habla (llenos de palabras). Aislarlas y descubrirlas es nuestro desafío, nuestro próximo camino. El camino que conduce al cuerpo, al órgano y al habla. El camino que expresa, según ese habla, a cada uno de nosotros.

«Seremos la materia viva manifestándose directamente, desconociendo la palabra, superando el pensamiento, que es siempre grotesco» (Lispector, *op. cit.*, p. 149). Busca superar el pensamiento, o sea, encontrarse con el habla, el habla interior, que es anterior a la palabra.

«Mi voz es el modo en que busco la realidad; la realidad, antes de mi lenguaje, existe como un pensamiento que no se piensa, mas por fatalidad me he visto y me veo empujada a precisar saber lo que piensa el pensamiento» (Lispector, *op. cit.*, p. 152). La voz, esto es, el habla existe como algo que todavía «no ha sido transformado» en pensamiento; como algo que todavía «no es pensado».

«La realidad antecede a la voz que la busca, pero como la tierra antecede al árbol, pero como el mundo antecede al hombre, pero como el mar antecede a la visión del mar, la vida antecede al amor, la materia del cuerpo antecede al cuerpo...» (Lispector, *op. cit.*, p. 152). Vislumbra el origen de todo lo que luego formará parte del cuerpo; por eso nombra la materia que antecede al cuerpo. En ese origen, propiamente en ella, en la materia, está el habla. Lo verdadero, lo esencial es justamente la materia prima: la *hylè*, o sea el material, la materia, nuestra habla. Y el habla nuestra es ese «principio» que nos lleva a la salud o a la enfermedad corporal.

«Poseo a medida que designo; y éste es el esplendor de tener un lenguaje. Pero poseo mucho más en la medida que no consigo designar. La realidad es la materia prima; el lenguaje es el modo como voy a buscarlo y como no lo encuentro» (Lispector, *op. cit.*, p. 153). De ahí la paradoja: en la medida en que no usa el leguaje —el lenguaje común para designar y nombrar—, se encuentra con esa materia prima que es el habla. El habla, íntima morada del ser.

La realidad primera

De esta forma, después de suspender al mundo y después de suspender también al propio Yo en sus «habilidades», G. H., «dirigida» por la excelencia de Clarice Lispector, realiza esa intensa «reflexión» interior y se encuentra entonces con otra realidad, la primera. Una realidad que se muestra anterior al lenguaje. Una realidad inicial que la protagonista va viendo en sí misma, en su interior. Una realidad que desconocía, pero presentía.

Es en esta realidad —que deja ver el habla en su pureza, el vocablo o palabra en su origen— donde se asienta y se proyecta la enfermedad corporal, que se genera y se gesta en los órganos, en sus tejidos, en sus células.

Esto ocurre cuando ciertos procesos, que por lo general insisten en repetirse, son portadores de un complejo de sememas* o «palabras», cargados de significación. Ellos modifican un flujo posiblemente ordinario, y lo hacen estableciendo un orden y una significación diferentes.

Es éste el proceso que aparta a los seres humanos de la salud y los lleva a la enfermedad.

Ahora podemos leer:

Augusto: «Siempre me callé por consideración a su enfermedad y porque es mi hermana, pero siempre me contestó muy mal y así viví indignado. Fueron muchos años... ¿y ahora qué? Ahora el enfermo soy yo».

---

* Semema: es la mínima unidad de significación o entendimiento. El semema está compuesto por un grupo de semas, que al unirse dan justamente esa significación.

Rosa: «Toda esta actitud me hizo recordar el trato cruel de mi marido; los años en que viví sometida, criticada. Él fue la parte más importante de mi enfermedad».

Alejandro: «Sí, porque ella también me tuvo en jaque, me hizo sufrir y pasarlo mal; me molestaba, me utilizaba, me criticaba en público. Lo mismo hizo siempre mi hermana (mi madre la llamaba "la bruja") y lo mismo hizo mi hija conmigo. Y ese odio que no se me va. Estoy enfermo de odio, de diabetes y de dolor».

Esteban: «Discúlpeme, doctor. Cuando le digo todo esto me acuerdo de ese sufrimiento, de esos días, y empiezo a tener diarrea... Es increíble».

Carolina: «Viví siempre peleada con mi madre porque no me cuidó, ni me atendió como cualquier madre debe hacer con una hija. Tantas veces la llamé... ¡tantas! Y ahora, ¿por qué no me dice qué hago con este nódulo que tengo? ¿Me lo opero o se lo tiro en la cara? No, no, perdóname... Igual te quise y, si me escuchas allá donde estés, quiero decirte que te quiero...» (llora).

Capítulo 9
Tratamiento de las enfermedades psicosomáticas

Hay una canción de los Beatles, «The Long and Winding Road» (El largo y sinuoso camino), que dice así: «*The long and winding road / That leads to your door / Will never disappear. / I've seen that road before. / It always leads me here. / Lead me to your door. / The wild and windy night / That the rain washed away / Has left a pool of tears / Crying for the day. / Why leave me standing here? / Let me know the way...*» («El largo y sinuoso camino / que lleva hasta tu puerta / nunca desaparecerá. / He visto antes ese camino. / Siempre me conduce hasta aquí. / Llévame hasta tu puerta. / La noche salvaje y ventosa / que la lluvia lavó / ha dejado un charco de lágrimas / que lloran por el día. / ¿Por qué me dejas parado aquí? / Enséñame el camino...»).

Enséñame el camino que lleva hasta tu puerta. Hasta la puerta de tu enfermedad, de tu cuerpo y de algún órgano que se encuentre en compromiso.

¿Cuál es el camino?

Todos los caminos conducen a Roma. Sin embargo, algunos lo hacen más rápido que otros. También están los que parecen llegar, pero se pierden en un pantano. ¿Cuál será el más seguro?

El más seguro será aquel que, junto con la disposición de la persona que nos consulta, nos permita escuchar lo que dicen ciertos órganos cuando el conflicto, la soledad o el dolor les piden la palabra. Esto no es tarea sencilla, ya que no existen reglas generales por las cuales podamos sacar conclusiones. Si así fuera podríamos relacionar o adjudicar, por ejemplo, a la vivencia de abandono el infarto de miocardio, a la vivencia de amargura tal trastorno hepático, a los problemas de identidad una leucemia, a la depresión grave una colitis ulcerosa, al sentimiento de desamparo materno el asma, y así sucesivamente. Pero esto no es cierto y se ha perdido mucho tiempo en recorrer estos caminos. Parecen fáciles, pero... pero el cuerpo habla de otra manera.

Cada persona dirige y encamina sus problemas de manera diferente a las otras. En el tratamiento de las enfermedades psicosomáticas no se pueden hacer generalizaciones. Se corre el riesgo de pasar delante de la enfermedad y no verla. Se debe abordar cada ser humano de forma individual y sin prejuicios.

El otro abordaje

Fuera de la línea estrictamente psicológica y de la psicoterapia profunda —que es la que se desarrolla en toda la extensión de este libro— existen muchos «caminos» (métodos o técnicas) que nos ayudan a librarnos de aquellas condiciones que más de una vez facilitan la aparición de las enfermedades del cuerpo.

Si un método o una técnica sirven para aliviar el estrés, el conflicto psíquico, la sobreadaptación, la alexitimia, la fatiga u otras condiciones predisponentes, merece ser apoyado. No importa cuán poco ortodoxo o clásico —en relación con lo psicológico— sea este camino. Si resulta útil para apartar condiciones de riesgo, se debe alentar su práctica. Porque al apartar una condición de riesgo se está alejando un factor de gran importancia.

Así, terapias como yoga, reiki, danza, hipnosis clínica, medicina ayurvédica u otras medicinas alternativas, gimnasia, musicoterapia, danza, baile, masajes, taichi, psicoterapia breve, psicoterapia de apoyo, etc., serán bienvenidas aun cuando no sigan la línea de la psicoterapia profunda o del psicoanálisis. Muchos caminos conducen a Roma.

Existen, sin embargo, líneas generales que son significativamente útiles en el comienzo del tratamiento. El abordaje médico psicológico clásico, de uso habitual para el tratamiento de las enfermedades del cuerpo, consta de cuatro pasos o tiempos.

1. **La entrevista libre.** Se solicita a la persona que consulta que exprese libremente lo que padece en relación con su enfermedad y todo lo que quiera decir, aun fuera de ella. Si puede relatar el inicio de la enfermedad, los antecedentes y las ideas que tuvo acerca de ella, mejor. Se le aclara que luego se le harán preguntas sobre los aspectos que se consideren más importantes. Se deja hablar a la persona y se toma nota de los puntos destacables.

2. **La entrevista pautada.** Sobre la base del relato anterior, se realizan preguntas sobre distintos aspectos de la enfermedad:

   a) el comienzo;
   b) la reacción de la persona frente a la enfermedad y si hubo algún anuncio o presentimiento;
   c) si existe una relación entre la enfermedad y algún hecho importante de la vida;
   d) los sentimientos o ideas que despertó la enfermedad;
   e) el curso o evolución de la afección.

3. **La entrevista dirigida.** Tiende a desvelar incógnitas o adelantar hipótesis acerca de la posible relación con sucesos internos (tensiones, conflictos, estados anímicos, etc.). Suele realizarse mediante preguntas sobre tres tipos de vivencias:

   a) los sueños más recordados o repetidos;
   b) los recuerdos remotos, comenzando por el más lejano;
   c) las imágenes de la niñez, de la infancia y de la adolescencia.

4. **El interrogatorio al cuerpo.** Se entrega un formulario para que sea completado por escrito y en privado, a modo de «deberes»:

- *Creo que si me pongo tenso enfermaré de...*
- *Mi rabia puedo guardarla en... (dos órganos)*
- *El dolor podría repartirlo en... (tres órganos)*
- *El amor podría sentirlo más en... (dos órganos)*
- *Estoy metido dentro de un cuerpo donde hay: órganos que me gustan... (hasta dos) órganos que no me gustan... (hasta dos)*
- *Como mi cuerpo guarda memoria de lo que vivió, puedo relatar brevemente: algunos recuerdos pasados en relación con mi cuerpo (ya sean buenos o malos)... algunos recuerdos actuales en relación con mi cuerpo (ya sean buenos o malos)...*

De este modo se construye un esquema o bosquejo de lo que la persona manifiesta con su cuerpo y con sus órganos. La lectura detenida de las respuestas permite extraer y organizar los resultados con mayor precisión.

Si bien lo psíquico tiene un tiempo distinto y en general más prolongado (en el tiempo cronológico) que lo físico, en más de una ocasión se procura acelerar ese tiempo interno que no tiene reloj, porque el reloj del tiempo exterior señala que la vida de la persona se encuentra en riesgo.

El abordaje final

Una vez apartadas las condiciones que pueden acelerar o favorecer el despertar de la enfermedad psicosomática, no debemos perder de vista el objetivo final, el gran objetivo, que es ir hasta la puerta de la enfermedad para entrar en el misterio de la «razón» o «condición» del órgano afectado.

Enséñame el camino que lleva hasta tu puerta. En este camino ya no encontramos métodos variados ni técnicas alternativas. Es el camino final, la vía regia o vía suprema por la que se avanza no sin una especial actitud y cierto esfuerzo. Es aquella reducción metodológica de la que he hablado en el Capítulo 8. Y esto se realiza sólo por vía de una psicoterapia profunda.

Por este camino habremos de encontrarnos de pleno con el habla y el órgano. Oiremos sus primeros sonidos a veces antes de escucharlos. Por eso resulta tan necesario «purificar» el lenguaje, cuidarlo.

Esto nos llevará a estar cada vez más cerca de nuestro interior. Más cerca de nosotros mismos. De nuestra voz.

La voz debe ser propiedad también del psicoterapeuta que realiza el tratamiento de estas afecciones corporales o psicosomáticas.

Ahora viene a mi recuerdo la historia de Zoe, una niña que nació prematuramente con menos de un kilo (¡!). Sí, al nacer pesaba poco más de medio kilo. La historia la relata su abuelo, Max de Pree, que por entonces era presidente de una empresa. Se vio muy afectado, no sólo porque era el primer embarazo de su muy querida hija sino porque el neonatólogo dijo que Zoe tenía menos del 10 por ciento de posibilidades de vivir tan sólo tres días. Para mayores complicaciones, un mes antes el padre biológico de Zoe la había abandonado a ella y a la madre. Zoe estaba internada en la unidad de cuidados intensivos neonatales con dos sondas intravenosas en el ombligo, una en un pie, un monitor a cada lado del pecho, y en la boca un tubo respiratorio y otro de alimentación.

A la llegada de Max, se presenta una enfermera muy especializada en estos cuadros, con todo el conocimiento de la situación clínica y también del contexto psicológico familiar. Una verdadera experta en situaciones de crisis. Lo saluda, le dice que se llama Ruth, que está a cargo de su nieta Zoe, que conoce toda la situación familiar y que necesita de él lo siguiente: «Durante algunos meses, por lo menos, será usted el padre sustituto. Quiero que venga todos los días al hospital a visitar a Zoe y, cuando venga, me gustaría que le rozara las piernas y los brazos con la punta del dedo. Mientras la acaricia, debe decirle una y otra vez cuánto la ama, porque ella tiene que poder relacionar su voz con su contacto» (Max de Pree, 1993, p. 12).

Esta enfermera, además de brindar a Max una orientación para asistir a Zoe, le describió las claves para manejarse en la relación con el mundo y con otros seres humanos: voz y contacto.

Es lo que debe poseer el psicoterapeuta que busque adentrarse en las enfermedades psicosomáticas: voz y contacto. Para ello necesita, también él, encontrar su propia voz, esa que expresa sus ideas, sus creencias, su forma de ser y de vivir: la motivación de resolver el enigma corporal, de oír esa otra voz, la voz del cuerpo y de los órganos. Y, junto con ella, el contacto con el paciente en la tarea de ir avanzando y buscando con inquietud la solución de su enfermedad.

Con ello habremos dado un paso adelante en el camino de resolver este difícil enigma de las enfermedades psicosomáticas ligadas a nuestro cuerpo y a nuestro Yo interior. Enigma humano, esencialmente humano.

La voz. La voz que nos liga al cuerpo y, en él, a la enfermedad. Descubrirla es la tarea en el tratamiento de lo psicosomático. ¿Cuál es la voz de la persona enferma? ¿De qué habla? ¿Qué dice? ¿Qué expresa esa voz? ¿Qué la enfermó? ¿Qué dice su enfermedad? ¿De qué habla?

La voz auténtica

La novela inglesa *Una lectora nada común*, de Alan Bennet, cuenta la historia de una muchacha que fue educada para ser reina. Recibió, desde niña, una instrucción dirigida hacia los modales, el protocolo, su idioma y las principales lenguas extranjeras. Le inculcaron que «su trabajo consistía en mostrar interés pero no interesarse» y le enseñaron a no tener *hobbies*, ni aficiones, ni preferencias. Así creció hasta que un día, gracias a una biblioteca ambulante y a la complicidad de un paje, descubrió el mundo de los libros y de la lectura. Leyó un libro y luego otro y otro; no paraba de leer libros, de hundirse en ellos. Lo hacía a escondidas, porque no le estaban permitidas más lecturas que las indicadas para ser reina. Pero ella leía y leía novelas, relatos de vidas, historias y experiencias de otros seres. Este camino despertó su sensibilidad y la llevó a descubrir su lado humano. Al cabo de un tiempo surgen desde su interior tres palabras que reflejan la profundidad de su dolor: «No tengo voz». Con ellas, comenzaba a abandonar todo lo que le había sido impuesto y que le había impedido verse, escucharse. Preguntarse «¿cuál es la voz de la reina?» era preguntarse «¿cuál es mi verdadera voz, mi verdadero ser?».

El salto interior

Los psicoterapeutas intentaremos producir el movimiento que libre de su padecimiento al órgano y a los tejidos de quien nos consulta.

Buscaremos sin buscar ese salto interior, ese «paso» que suelte las ataduras de su enfermedad. Que libere al órgano para que surja otra voz.

Ese salto interior es un salto no muy consciente, pero siempre perceptible. Es el salto de aquella doncella medieval llamada Ronia, que debe saltar un abismo, asumiendo ese riesgo, para salvar la vida de lo que quiere y desea. ¿Por qué debe saltar? Ocurre que Ronia es muy amiga de un muchacho de su edad, pero las familias de ambos son enemigas desde hace mucho tiempo. Estas dos familias viven en lugares separados por un abismo tan profundo que todo el que intenta saltarlo y fracasa se precipita a una muerte segura. El amigo de Ronia, que ha venido a visitarla, es tomado prisionero por el padre de ella. «Ronia está de pie al borde del abismo y se prepara para saltar. Si ella puede cruzar al otro lado, le cogerá prisionera la familia del muchacho y los dos lados estarán en una posición similar. Si ella fracasa, todo se pierde. Irá a parar a una muerte cierta y su amigo estará a merced de su padre. Ronia tendrá que hacer acopio de todo su valor. Si fracasa, las consecuencias serán terribles. Sin embargo, es su única oportunidad. (Finalmente, cruza el abismo)» (Jan Carlzon, 1991, p. 93).

Éste es el relato de un salto. El gran salto. Ahora necesitamos dar el salto interior que nos lleve a liberarnos, a desatarnos de la enfermedad. Es lo que intentamos. Tal vez uno solo no baste y haya que dar otros. Pero no hay que cruzar un abismo, como tuvo que hacerlo esa doncella medieval. El salto de Ronia es sólo un ejemplo, una metáfora de cómo librarse de un mal.

Al llegar a este punto debo finalizar este capítulo y con él este libro. Debo despedirme. Pero antes quiero señalar una vez más la trascendencia de ese camino que conduce a la profundidad del ser, a la íntima morada del hombre.

Pongamos los ojos y los sentidos en ese camino. Vayamos en busca de esa «música» que el ser humano no ha desarrollado del todo y que todavía no ha podido escuchar con claridad.

Dejemos que nos guíe la música del habla, la residencia de nuestro ser. Allí encontraremos nuestra voz. Allí está también la posibilidad de nuestra enfermedad y de librarnos de ella.

¿Podremos llegar a escuchar esa música? Mi esperanza es que alguien pueda hacerlo. Oírla.

Ahora debo concluir estas líneas porque, desde mi ventana, la lluvia me trae el eco de unas palabras: «El cáncer es un suicidio a nivel celular».

Anexo
Listado de síntomas y enfermedades por autodestrucción

Síntomas psicosomáticos aislados

La tensión psíquica y emocional suele producir síntomas que no siempre corresponden a una enfermedad de base orgánica. La mayoría de las veces se presentan de manera aislada y temporal, y con tal carácter figuran en este listado.

Acidez estomacal
Aumento de la secreción ácida en el estómago. Con frecuencia es provocada por el estrés y marca el inicio de un proceso que lleva a la úlcera gastroduodenal.

Aerofagia
Entrada de aire en el aparato digestivo. La mayoría de las veces es producto de un cuadro de ansiedad y/o angustia.

Anafilaxia o hipersensibilidad tipo 1
Reacción alérgica inmediata que puede ser causada por factores psíquicos y emocionales. Abarca trastornos de la piel (eczema atópico, prurito psicógeno, urticaria), de las mucosas (angioedema, conjuntivitis alérgica) y de las vías respiratorias (broncoespasmo).

Angioedema

Hinchazón pasajera por acumulación de líquido en la piel y las mucosas. A menudo asociado con la urticaria, se llama también edema de Quincke y, sugestivamente, edema angioneurótico.

Broncoespasmo

Contractura o estrechamiento de los bronquios que se produce por hiperreactividad. Con frecuencia obedece a estímulos psíquicos y emocionales fuertes, como el miedo, la ansiedad y el estrés.

Cefalea por tensión psíquica

Dolor de cabeza que no está asociado con una enfermedad. Se localiza en la nuca y suele irradiarse hacia la región frontal. Es bilateral, no pulsátil y se siente como una presión de intensidad 5 en una escala de 1 a 10. No se agrava con la actividad física habitual, lo que la diferencia de la jaqueca (*véase*) y la migraña (*véase*). Siempre es de causa psíquica y puede obedecer tanto a una sobrecarga emotiva como a un aumento del trabajo intelectual. Para su tratamiento es fundamental que las personas afectadas aprendan a verbalizar sus conflictos y logren derivarlos de manera útil.

Conjuntivitis alérgica

Inflamación de la conjuntiva o mucosa de los ojos. En ocasiones combina lo psicosomático con lo atópico (lo alérgico propiamente dicho).

Constipación

Trastorno de la evacuación intestinal caracterizado por una frecuencia inferior a tres veces por semana y, en general, por heces más duras de lo normal. El estrés y otros factores psicológicos y emocionales tienen gran importancia en su producción. Cabe agregar que el aparato gastrointestinal está regido por el sistema nervioso neurovegetativo, y que la excitación simpática trae constipación con atonía motriz gástrica (debilidad de los movimientos del estómago).

Diarrea psicógena o diarrea nerviosa
Aumento de la frecuencia de las deposiciones, por lo general líquidas, como producto de angustia o miedo. Un ejemplo de diarrea psicógena o nerviosa es la que sufren los alumnos en las horas previas a un examen.

Disfagia orofaríngea
Dificultad para deglutir. Cuando se caracteriza por la sensación de que el alimento ingerido queda atascado debajo de la garganta, es un síntoma psicosomático. En personas afectadas de neurosis, este padecimiento se conoce como bolo histérico.

Dispepsia psicógena o dispepsia nerviosa
Digestión dificultosa. Se habla de dispepsia ante trastornos de la función gástrica sin lesión orgánica, y se dice que es psicógena o nerviosa cuando obedece a situaciones emocionales o de estrés.

Distensión abdominal (intestinal)
Aumento del volumen del intestino. Su origen psíquico está en relación con las fibras nerviosas, tanto del sistema nervioso simpático como del parasimpático, y con perturbaciones emocionales.

Dolor cólico
Dolor abdominal agudo cuya causa no siempre es psicosomática, pero que en determinadas situaciones se debe a un proceso psíquico-emocional. En neurosis hipocondríacas graves y en personalidades con patologías severas por lo general es intenso y va acompañado de náuseas y vómitos.

Dolores osteomusculares, dolor cervical, dolor lumbar (lumbociática)
Cuando no obedecen a artrosis, artritis, hernia discal ni tumores, es común que los dolores osteomusculares (que involucran huesos y músculos) provengan del estrés relacionado con el trabajo y con la

insatisfacción laboral. Otros elementos emocionales que causan este cuadro son la irritabilidad y el miedo.

Eczema atópico
Sarpullido y/o descamación que se produce en la piel como hiperreacción frente a determinados agentes psíquicos y emocionales.

Eructos
Expulsión por la boca de aire proveniente del estómago. En el campo psicosomático, los eructos repetidos indican aerofagia originada en un mecanismo psicológico importante. La mayoría de las veces son la expresión de un cuadro de ansiedad. También se originan en fobias, neurosis y cuadros de estrés.

Espasmo esofágico
Alteración de la motilidad del esófago, que por lo general se expresa con dolor detrás del esternón y disfagia, tanto para los alimentos sólidos como para los líquidos. En el plano psicosomático se presenta en personas afectadas por el agotamiento psicofísico que provoca el estrés cuando se combina con una gran angustia. Se observa también en la hipocondría y en ciertas obsesiones.

Estreñimiento
Véase Constipación.

Faringitis o angina
Inflamación de la faringe. Muchas veces aparece inmediatamente después de un conflicto afectivo intenso de tipo erótico (de Eros = amor).

Flatulencia
Aumento de gases en el intestino. Se presenta en sujetos ansiosos, en ciertas fobias donde ocurre aerofagia y en casos de gran tristeza, con depresión de las funciones gastrointestinales.

Globo histérico

Sensación de tener una pelota en la garganta. Es una variante de la hipocondría, neurosis ligada a problemas emocionales y a cuadros donde predominan la ansiedad y el miedo. Clásicamente se denomina globo histérico porque se observa en personas que padecen una neurosis histérica, con tendencia a somatizar sus estados anímicos.

Hiperventilación

Respiración profunda continua. Cuando es psicosomática, la causan principalmente los trastornos de ansiedad. Se asocia con la locuacidad, la tendencia a proyectar situaciones y la dificultad para permanecer quieto.

Hipo

Contracción repetida del diafragma, con cierre de la glotis (cuerdas vocales). Casi siempre es transitorio y no expresa ninguna patología importante, pero en ocasiones sí muestra un padecimiento serio: el hipo de mi amigo Enrique se debía al comienzo de un síndrome de Guillain Barre. Su relación con lo psicosomático es indirecta, ya que se produce cuando el diafragma se irrita como consecuencia de una comida copiosa y rápida, lo que suele ocurrir en situaciones de excesiva ansiedad y preocupación.

Indigestión

Proceso digestivo inadecuado o incompleto. Puede ocurrir por ingesta excesiva de alimentos pesados (grasas, alcohol), pero también por problemas emocionales y estrés.

Mareo

Sensación subjetiva de inseguridad e inestabilidad, con temor a perder el equilibrio. No debe confundirse con el vértigo, que siempre indica un problema en el laberinto del oído. El mareo expresa una inestabilidad interna, una suerte de inseguridad cuando la persona se enfrenta a situaciones de cambio interior y debe dejar una etapa para ingresar en otra, o cuando se ve amenazada u obligada a alejarse o separarse de algo o de alguien.

Meteorismo
Véase Flatulencia.

Náuseas o estado nauseoso
Sensación de ganas de vomitar que se produce por incremento de la actividad del parasimpático y escasa motilidad del estómago. En la esfera psicosomática se presenta en personas de constitución emotiva, muy sensibles, en circunstancias ingratas y también en situaciones de ansiedad y angustia elevadas por amenaza.

Polaquiuria
Gran necesidad de orinar, con aumento en la frecuencia de las micciones. Su causa psíquica guarda relación con emociones fuertes, angustia, agitación y miedo intenso.

Prurito psicógeno
Manchas rojizas con picazón, que pueden aparecer en cualquier parte del cuerpo. Algunos investigadores las consignan como neurodermatitis o excoriaciones neuróticas, con lo que señalan su origen psicosomático. Tanto el prurito anal como el vulvar han sido relacionados con conflictos de hostilidad y agresividad.

Reflujo gastroesofágico
Pasaje del contenido del estómago al esófago. Es habitual en cuadros gástricos donde la acidez es un elemento somático principal ligado a estados emocionales.

Tos psicógena o tos nerviosa
Expulsión brusca por la boca de aire proveniente de los pulmones,

como consecuencia de una estimulación laríngea. Se observa en personas hiperactivas y de personalidad nerviosa o demostrativo-expresiva. Cuando surge en situaciones que incrementan la ansiedad se equipara con un tic nervioso.

Tortícolis psicógena

Contractura dolorosa del músculo esternocleidomastoideo que se traduce en una inclinación de la cabeza como si fuera a girar. Su origen psíquico se encuentra en situaciones que han llevado al cuerpo a una extrema tensión: graves conflictos, grandes temores, ansiedad elevada y continua o estrés intenso.

Trastornos digestivos funcionales

Padecimientos no orgánicos que afectan el aparato digestivo: acidez, aerofagia, constipación, diarreas psicógenas, dispepsia psicógena, distensión abdominal (intestinal), dolor cólico, eructos, espasmo esofágico, flatulencia, globo histérico, hipo, indigestión, náuseas o estado nauseoso, reflujo gastroesofágico y vómitos.

Urticaria

Prurito psicógeno (*véase*) caracterizado por pápulas edematosas (abultamientos con acumulación de líquido) similares a picaduras de insectos. En general su origen es alérgico y los factores psíquicos y emocionales contribuyen a producirla y/o incrementarla.

Vejiga nerviosa

Deseo de orinar con frecuencia que se presenta en personas con vejiga poco extensible. Dado que tanto el sistema nervioso neurovegetativo como el central intervienen activamente en el funcionamiento vesical, este síntoma puede obedecer a estados depresivos prolongados y también a ansiedad o situaciones emocionales traumáticas.

Vómitos psicógenos

Expulsión violenta por la boca del contenido del estómago. Acompañan a otros trastornos digestivos funcionales y también sobrevienen por padecimientos psíquicos que generan agotamiento y por emociones intensas.

Enfermedades por autodestrucción (psicosomáticas y autoinmunes)

Si bien la medicina clínica separa las enfermedades psicosomáticas de las autoinmunes, ambas tienen en su gestación y producción un importante compromiso psíquico y emocional, anterior al desarrollo de la enfermedad.

Este componente hace que ambas admitan, además de su tratamiento específico con la medicación adecuada, otro psicoterapéutico, destinado a investigar sus causas o raíces psicológicas y emocionales. Pero cabe señalar que, aun cuando el componente psíquico y emocional haya sido el iniciador de la enfermedad, al convertirse ésta en enfermedad corporal o somática exige su tratamiento básico y fundamental, que es el tratamiento médico clínico. Y se impone asimismo aclarar que cada una de las enfermedades que enumero a continuación puede tener un origen que no sea psicológico ni emocional, y que no desarrollo aquí por ser ajeno al propósito de este libro.

Las enfermedades claramente psicosomáticas figuran así: (PSIC). Las enfermedades definidas como autoinmunes figuran como (AI). Aquellas enfermedades que aún no han podido definirse como psicosomáticas ni como autoinmunes figuran como (no determinadas) y se citan por cuanto existe en su producción un trauma psíquico importante y/o un componente emocional intenso.

Accidente cerebrovascular o ACV

Véase Enfermedades cerebrovasculares.

Accidente isquémico transitorio o AIT
Véase Enfermedades cerebrovasculares.

Agotamiento, síndrome de
Véase Burn out, síndrome de.

Alergia (PSIC)
Reacción local o general que produce el organismo cuando entra en contacto con determinadas sustancias y que se caracteriza fundamentalmente por la hiperreactividad (reactividad aumentada o excesiva). Igual que otras reacciones del organismo que son excesivas, inadecuadas y, a veces, también inoportunas, la hiperreactividad alérgica puede muy bien ser psicosomática, es decir, de origen hiperreactivo emocional. «Las enfermedades pueden ser producidas por nuestras propias reacciones de adaptación inapropiadas o excesivas» (Hans Selye, 1975, p. 47).

Alopecia (no todas) (PSIC-AI)
Pérdida del cabello. Dos de sus formas están ligadas a perturbaciones psicosomáticas: la alopecia areata, de carácter autoinmune, y la alopecia simple (no cicatrizal), expresión de situaciones conflictivas y estrés laboral y/o familiar sobre una base de predisposición familiar.

Alzheimer, enfermedad de (no todas) (AI)
Enfermedad del sistema nervioso central, localizada en el cerebro, que se manifiesta por un deterioro mental progresivo, con dificultad para realizar acciones coordinadas y para expresarse de manera coherente y ordenada, a la que suelen agregarse importantes trastornos de la memoria. Se la considera una forma de demencia senil porque en el cerebro aparecen, en exceso, placas seniles junto con una atrofia del tejido cerebral. Su causa aún no ha sido establecida y existen varias hipótesis al respecto (Pierre Thomas, Alain Pesce y Hill-Patrice Cassuto, 1990, p. 72). Según la hipótesis autoinmune, ciertos

complejos psico-emocionales serios, guardados y aun negados en el interior de la persona, son el germen sobre el que ulteriormente se desarrolla el choque de anticuerpos dirigidos contra los neurofilamentos.

Anemia perniciosa (AI)

Descenso por debajo de los niveles normales del número de glóbulos rojos, o de la concentración de hemoglobina (proteína de color rojo característico que transporta el oxígeno) en la sangre, causada por la no absorción o mala absorción de la vitamina B12. Aun cuando se hace hincapié en factores hereditarios, los factores psíquicos y emocionales desempeñan un papel muy importante en la producción de esta anemia.

Anemia hemolítica autoinmune (no todas) (AI)

Acortamiento de la vida media de los glóbulos rojos, que sufren un proceso de destrucción en la médula ósea, en el bazo y en el hígado. Si bien puede existir una predisposición heredada, ya por anomalías genéticas o por otras causas, la anemia hemolítica es autoinmune cuando los factores psíquicos y emocionales inciden sobre la base hereditaria y desencadenan el cuadro.

Angina de pecho (PSIC)

Una de las más comunes entre las enfermedades de las arterias coronarias, caracterizada por un cuadro doloroso con angustia, dificultad para respirar, sudor y, generalmente, arritmia. El estrés o el bloqueo emocional frente a una impresión fuerte o una emoción intensa o «desbordante» suelen desencadenar, ya sea por taquicardia, por shock o por constricción del árbol coronario, este cuadro de no más de cuatro minutos de duración, que si se prolonga suele transformarse en infarto de miocardio (*véase*).

Anorexia (PSIC)

Trastorno de la conducta alimentaria caracterizado por el rechazo a la comida. Se da principalmente en mujeres de dieciséis a veinticinco años, y en la mayoría de los casos es una afección claramente psicosomática. Por su origen psíquico se la denomina anorexia psicosomática y algunos la llaman anorexia nerviosa.

Artritis reumatoidea (PSIC-AI)

Enfermedad crónica de los tejidos caracterizada por la inflamación de las articulaciones, que dificulta sus movimientos y puede llegar a deteriorarlas. Es común que vaya acompañada de manifestaciones generales en la sangre, los pulmones, el aparato cardiovascular y el sistema nervioso. En su origen se observan conflictos psíquicos y también complejos emocionales importantes, por lo que es tanto psicosomática como autoinmune, aun cuando tenga más rasgos de esta última naturaleza. Igual que casi todas las enfermedades autoinmunes, evoluciona por brotes.

Asma bronquial (PSIC-AI)

Enfermedad pulmonar caracterizada por una hiperreactividad que provoca crisis de disnea constrictiva angustiante (respuesta broncoconstrictora con dificultad para respirar y estado de angustia). Los estímulos para esta respuesta hiperreactiva son diversos: fármacos, alimentos y, también, situaciones emocionales (miedo, estrés, shocks emotivos, etc.).

Bronquitis crónica (PSIC)

Inflamación de los bronquios. Aunque puede deberse a varias causas (tabaquismo, inhalación prolongada de aire contaminado, antecedentes de enfermedades pulmonares en la infancia, episodios alérgicos), en muchas ocasiones un estado de hiperreactividad movido por factores psíquicos y emocionales provoca episodios de bronquitis crónica, con tos y expectoración mucosa, que persisten varias semanas.

Bruxismo (PSIC)

Frotamiento y rechinar de los dientes, que en la mayoría de los casos ocurre durante el sueño y no es advertido por el paciente. Su causa radica en un estado de ansiedad que responde a conflictos no resueltos. Si no se lo trata puede provocar desgaste e incluso aflojamiento de los dientes.

Bulimia (PSIC)

Trastorno de la conducta alimentaria caracterizado por atracones (episodios de ingesta de gran cantidad de comida), que por lo general no pasan de dos o tres por semana. Es habitual que las personas afectadas tengan un peso normal, que consiguen provocándose vómitos, tomando laxantes o diuréticos, alternando los atracones con ayuno o haciendo ejercicios agotadores. La bulimia es un trastorno compulsivo y en la mayor parte de los casos obedece a una causa psicosomática.

Burn out, síndrome de (PSIC)

Cuadro de clara raíz psicosomática compuesto por síntomas y signos físicos y psíquicos que tienen origen en un estrés prolongado o crónico. Se produce sobre todo en «gente que trabaja con gente» (Antonio Pérez Urdaniz, 2000, p. 58). Entre los afectados se cuentan «médicos y enfermeras que trabajan en unidades de pacientes crónicos, graves, irrecuperables, terminales y peligrosos» (Pérez Urdaniz, *ibidem*), personal de seguridad de cárceles, policías, trabajadores sociales en medios comunitarios de pobreza, desnutrición o delincuencia, corresponsales de guerra, periodistas, políticos, abogados que se ocupan de divorcios o delitos y otros profesionales cuya labor los pone en contacto con los problemas de otras personas.

Cáncer (PSIC-AI)

Proceso de transformación de un grupo de células que lleva a su crecimiento anárquico o desordenado (sin regulación), lo que provoca una invasión de los tejidos cercanos y, en ocasiones, una metástasis o reproducción a distancia. Entre las múltiples causas que producen cáncer hay agentes químicos o físico-químicos (desde el humo hasta algunas drogas usadas sin control, pasando por las radiaciones ultravioletas y los rayos X) y agentes biológicos como ciertos virus e incluso ciertos genes; en su mayoría, estos agentes deben extender su acción en el tiempo para producir cáncer. Entonces, ¿por qué incluyo el cáncer en esta lista de enfermedades psicosomáticas y autoinmunes? Porque el cáncer es una reacción celular y orgánica frente a muchos factores, y un grupo de esos factores tiene que ver con trastornos y padecimientos psíquicos y emocionales. Sufrimientos internos prolongados y silenciosos, dolores intensos de larga evolución que no terminan de resolverse, conflictos profundos irresueltos reveladores de una tragedia que no se extingue ni concluye son, junto con otros muchos, agentes que desde el cuerpo interior del ser humano van gestando esta dura y dolorosa enfermedad.

Cervicobraquialgia (PSIC)
Dolor y tensión constante en ambos hombros y en la nuca. Es un síndrome característico de situaciones de estrés, sobre todo en individuos que por su personalidad realizan un esfuerzo considerable en su trabajo y en sus actividades. La cervicobraquialgia primaria o esencial (no secundaria a otra enfermedad), sin evidencias radiográficas de lesiones ni traumatismos, es un padecimiento claramente psicosomático.

Colagenopatías o enfermedades del colágeno (AI)
Grupo de afecciones integrado hasta hace unos años por la artritis reumatoidea, la dermatomiositis, la esclerodermia, el lupus eritematoso y la periarteritis nodosa, que hoy se consideran autoinmunes.

Colitis ulcerosa o colitis ulcerosa idiopática (PSIC)
Inflamación ulcerosa crónica de la mucosa del colon, casi siempre caracterizada por diarrea sanguinolenta. Igual que en otras enferme-

dades, también en esta colitis se habla de predisposición genética y respuesta autoinmune, aunque no hay evidencias claras de ello. Su origen se encuentra en estados emocionales que «por vía del vago aceleran el peristaltismo del intestino delgado y del colon ascendente y transverso, por lo que hay descarga de enzimas pancreáticas, que, junto con las bacterias de la flora normal, atacan y ulcerarían la mucosa debilitada» (Donato Boccia, 1953, p. 48).

Colon irritable (PSIC)
Excesiva movilidad del intestino tanto delgado como grueso, en particular del sigmoideo (último tramo del intestino grueso), que provoca diarrea, sobre todo después de la ingestión de alimentos. La mayoría de los casos se da en pacientes de veinte a treinta años. Siempre hay un trauma emocional previo que causa este trastorno.

Coriza espasmódica
Véase Rinitis vasomotora.

Dermatitis atópica (PSIC)
Inflamación de la piel relacionada con una base alérgica que favorece su aparición. Si bien los episodios suelen desencadenarse por contacto con elementos tan diversos como los aerosoles o la ropa de lana, se dan en personas con una hipersensibilidad tipo 1 o predisposición esencial a la alergia. En la dermatitis atópica hay un componente de hiperreactividad que puede ser de origen emocional.

Dermatomiositis (AI)
Enfermedad crónica del tejido conectivo, que va acompañada de una inflamación de la piel; si esta inflamación afecta los músculos se llama polimiositis. Hoy se la ubica en el campo de las enfermedades autoinmunes. En su mayor parte (casi el 80 por ciento), los casos iniciados en adultos muestran como antecedente un componente de gran tensión emotiva y conflictiva.

Desgaste profesional, síndrome de
Véase Burn out, síndrome de.

Diabetes mellitus (no todas) (AI-PSIC)
Enfermedad crónica que se caracteriza por un nivel elevado de azúcar en la sangre, ya sea porque «el páncreas no produce suficiente insulina o ya porque las células del organismo no son capaces de utilizarla en forma ordenada» (Israel Lerman Garber, 1999, p. 5). Se distinguen dos tipos: la diabetes tipo I, insulinodependiente o infantojuvenil (13 por ciento de los casos), y la diabetes tipo II, no insulinodependiente o del adulto (87 por ciento de los casos). Para la producción de la diabetes tipo I se invocan factores genéticos y de inmunidad; esta diabetes podría considerarse, aunque no siempre, como autoinmune. En la producción de la diabetes tipo II se descartan los factores autoinmunes y se ponen de relieve factores genéticos. El mismo investigador nos dice que «la diabetes no es una enfermedad emocional» (I. L. Garber, *op. cit.*, p. 13). Sin embargo, las historias de enfermos con diabetes tipo II nos hablan de un alto contenido emocional en personalidades con fenómenos hiperreactivos y agresividad reprimida, por lo que esta diabetes puede considerarse, aunque no siempre, como psicosomática.

Disfunciones sexuales (PSIC)
Trastornos y/o perturbaciones que ocurren durante la realización del acto sexual. Si bien pueden estar causados por factores diversos (enfermedades del sistema nervioso, alcohol, psicofármacos, etc.), en un gran porcentaje de estos padecimientos las causas pertenecen a la esfera psíquica y emocional. La disminución del deseo, la ansiedad, los estados depresivos, la fobia al acto sexual, la dispareunia (dolor durante el acto), la excitación sin resolución son algunas de las perturbaciones de raíz psicosomática que, tanto en la mujer como en el hombre, se manifiestan en alguna fase del acto sexual.

Eczema (PSIC)

Inflamación de la piel con distintos grados de lesión, que por lo general aparece al mismo tiempo en diferentes lugares del cuerpo y presenta picazón. En el eczema atópico, que guarda estrecha relación con la hipersensibilidad, es el aspecto alérgico el que se pone en marcha hiperreactivamente frente a determinados agentes, entre los que se encuentran los psíquicos y emocionales.

Enfermedades cerebrovasculares (no todas) (PSIC)

Lesiones en los vasos sanguíneos del cerebro, algunas tan serias como para causar gran deterioro e invalidez. Entre ellas figuran el ACV (accidente cerebrovascular) y el AIT (accidente isquémico transitorio), que algunos llaman mini ACV. Estas lesiones pueden tener origen en malformaciones vasculares, enfermedades de la sangre, enfermedades cardíacas o enfermedades vasculares. Es en este último caso en el que muchos investigadores mencionan los esfuerzos y las emociones como factores desencadenantes importantes. En el AIT, si bien una de las causas frecuentes es la arteriosclerosis, la parte psíquica y emocional no sólo contribuye a desencadenarlo, sino que las emociones, así como el estrés, son agentes generadores del vasoespasmo, que es su causa directa.

Esclerodermia (AI)

Enfermedad crónica caracterizada por engrosamiento y endurecimiento de la piel y sus tejidos, junto con engrosamiento y cambios degenerativos en las paredes de sus vasos sanguíneos, seguidos por trastornos similares en articulaciones y órganos internos (esófago, tracto digestivo, pulmones, corazón y riñones). Se produce con mayor frecuencia en el sexo femenino y en la edad adulta. Se ha establecido que en muchos casos existen antecedentes de maltrato que, al traer represión de los impulsos agresivos, generan el choque antígeno-anticuerpo característico de la autoinmunidad. Pueden existir otros agentes en su producción, pero en un porcentaje elevado están los conflictos interiores comprendidos como traumas conscientes e inconscientes.

Esclerosis múltiple, esclerosis en placas o esclerosis diseminada (AI)
Enfermedad caracterizada por la presencia de placas donde falta la mielina (lipoproteína que constituye la vaina de las fibras nerviosas), que se hallan diseminadas por distintas zonas del sistema nervioso central. Sus síntomas y signos varían en relación directa con los sectores nerviosos interesados (médula espinal, bulbo raquídeo, nervios ópticos y cerebro). Evoluciona por brotes y casi siempre de manera progresiva. Cumple con dos de los postulados de las enfermedades autodestructivas y autoinmunes: surge de un conflicto interior que el sujeto no ha logrado resolver ni atenuar y, a pesar de que su origen es psíquico y emocional y por tanto no orgánico, suele revelarse como netamente orgánica.

Fatiga crónica o síndrome de fatiga crónica (PSIC)
Cuadro caracterizado por fatiga persistente y debilitante que no desaparece con reposo en cama y obliga a una reducción de la actividad durante varios meses. Es más frecuente en mujeres de veinte a cuarenta años y suele confundirse con depresión. Aun cuando no posea categoría de enfermedad, esta fatiga debe ser incluida dentro de los padecimientos psicosomáticos, pues con frecuencia se encuentran conflictos emocionales importantes previos a su iniciación, como por ejemplo un diagnóstico de esterilidad.

Fibromialgia (PSIC)
Síndrome que se manifiesta principalmente por dolor, no sólo en músculos (mialgia) sino también en ligamentos, tendones y articulaciones. Suele presentarse con más frecuencia en mujeres jóvenes y por sus características clínicas puede confundirse con artritis reumatoidea. Es una afección psicosomática que se presenta después de sobreesfuerzos psíquicos prolongados, situaciones de estrés y traumatismos emocionales.

Gastritis (PSIC)

Inflamación aguda o crónica de la mucosa del estómago, que puede derivar en úlcera gastroduodenal (*véase*). Entre sus causas orgánicas figuran la ingesta abundante y frecuente de alcohol, de comidas irritantes o de ciertos medicamentos y la presencia de la bacteria *Helicobacter pylori*. Fuera de esos factores, el estrés continuo puede manifestarse a través de una gastritis, como es común entre los estudiantes en época de exámenes (Donato Boccia, 1953, p. 42).

Glomerulonefritis (AI)

Enfermedad caracterizada por inflamación de los glomérulos o unidades funcionales de los riñones, que provoca la pérdida por la orina de sustancias útiles para el organismo y, si se prolonga, da lugar a hipertensión arterial y edema (acumulación de líquido) en miembros inferiores. Pertenece al grupo de las enfermedades autoinmunes y se la considera primaria justamente porque en su origen se encuentra la autoinmunidad, aunque en ciertos casos puede ser secundaria, producida por otras enfermedades autoinmunes o metabólicas, por tumores o por infecciones. En el historial de muchos pacientes se observan situaciones de gran sufrimiento y dolor.

Guillain Barre, síndrome de (AI)

Trastorno neurológico que se caracteriza por la inflamación generalmente aguda y progresiva de varias vías nerviosas, que provoca desórdenes de la motilidad y la sensibilidad. Es habitual que se inicie con dificultades en la marcha, por falta de fuerza en los músculos, junto con malestares y disminución o abolición de la sensibilidad en las piernas; en ocasiones afecta los miembros superiores. Presenta una rara y singular semejanza con la esclerosis múltiple (*véase*). Como en la mayoría de las enfermedades autoinmunes, las causas de este síndrome suelen ser diversas; aun cuando no hayan sido determinadas con precisión hasta hoy, entre ellas cabe mencionar traumatismos físicos con shock psicofísico concomitante, enfermedades virales, intoxicaciones, reacciones alérgicas, predisposición genética y conflictos psíquicos que encierran un cuadro emotivo intenso y prolongado (dolor, rabia, impotencia) que el sujeto no ha podido resolver ni atenuar.

Hidrorrea nasal
Véase Rinitis vasomotora.

Hipercolesterolemia nerviosa (PSIC)
Alteración de los niveles normales de colesterol en la sangre. Mejor llamada hiperlipoproteinemia, abarca tanto la disminución del HDL o colesterol bueno como el aumento del LDL o colesterol malo y va acompañada por una subida de los triglicéridos. Responde a causas variadas, por lo común genéticas, y su relación con lo psíquico o emocional remite a un doble origen, a veces difícil de distinguir: la autoinmunidad y lo psicosomático propiamente dicho; en este último caso la provoca, sobre todo, el estrés.

Hipertensión arterial (PSIC)
Aumento por encima de los niveles normales de la presión que la sangre bombeada por el corazón ejerce contra las paredes de las arterias. Esta presión alta es primaria o esencial en la gran mayoría de los casos (aproximadamente el 80 por ciento); en los restantes es secundaria a problemas de diversa naturaleza (renales, glandulares, medicamentosos, etc.). Si bien la hipertensión primaria es de etiología o causa desconocida hasta la fecha, un factor de gran importancia para su producción radica en las emociones y el estrés; no es casual que se dé con mayor frecuencia en las grandes ciudades. La hiperreactividad emocional y la estimulación del sistema nervioso simpático tienen un papel preponderante en la subida de la tensión arterial.

Hipertiroidismo (AI)
Aumento por encima de los valores normales de la secreción hormonal de la glándula tiroides. Suele ser producido por diversos fac-

tores, muchas veces provenientes de otros órganos (hipófisis, ovarios) o de la placenta durante el embarazo. Sin embargo, en la mayor parte de los casos surge de un trastorno propio (hiperfunción autónoma) de la glándula tiroides; es aquí donde los investigadores ubican su origen como autoinmune y donde se observa la influencia de complejos psíquicos y conflictos emocionales, generadores de grandes tensiones que inician la enfermedad.

Hipocondría (PSIC)

Temor que se manifiesta con angustia y ansiedad ante la idea (o creencia) de padecer una enfermedad. El hipocondríaco siente una preocupación obsesiva por su salud y por el estado y el funcionamiento de sus órganos, y suele ir de médico en médico sin hallar respuesta a su angustia y a su «enfermedad»; es el enfermo imaginario de Molière. La angustia se presenta bajo la forma de taquicardia con o sin palpitaciones, dolores en el pecho, ahogos, transpiración, temblor, dificultad para respirar, náuseas, sequedad de boca, sensación de constricción faríngea, espasmos gástricos, etc. Síntoma característico de las neurosis, la hipocondría debe ser incluida entre los padecimientos psicosomáticos.

Hipotiroidismo (no todos) (AI)

Descenso por debajo de los valores normales de la secreción hormonal de la glándula tiroides. Puede ser del niño o del adulto y primario o secundario. El hipotiroidismo del niño ocurre en zonas endémicas y también por factores genéticos. El secundario se debe a un trastorno en el eje hipotálamo-hipófisis por tumores u otras causas. El hipotiroidismo primario del adulto cumple con los postulados de las enfermedades autoinmunes, uno de los cuales es la presencia de procesos emocionales, padecimientos psíquicos y aun situaciones de estrés como agentes productores de la afección.

Infarto de miocardio (PSIC)

Muerte o necrosis de una parte del músculo cardíaco, causada por una interrupción de la circulación coronaria que en general es brusca y provoca un dolor intenso en la zona del esternón. Si bien con mayor frecuencia es un trombo o coágulo desprendido de una placa aterosclerótica lo que produce el infarto, a veces éste se desencadena por espasmo de las arterias coronarias sanas. Es aquí donde intervienen las emociones intensas, ya sean displacenteras, como las que surgen en discusiones familiares violentas, o placenteras, como las que siente un hincha de fútbol por el triunfo de su equipo. Incluyo el infarto entre las enfermedades psicosomáticas porque esta participación activa de las emociones es, en un porcentaje de casos imposible de evaluar, una presencia insoslayable que acompaña y acelera este cuadro.

Intestino irritable, síndrome del

Véase Colon irritable.

Jaqueca (PSIC)

Hemicránea (dolor unilateral de la mitad de la cabeza) por lo general pulsátil pero sin el «aura» típica de la migraña (*véase*), aun cuando a veces la presente en forma muy leve (cierta ansiedad, alguna sudoración, respiración dificultosa, etc.). Aparece de golpe, se acentúa con la actividad física habitual y suele ser recurrente. Obedece a un trastorno funcional, no orgánico. Entre las causas que la desencadenan figuran las alteraciones hormonales, el consumo de ciertos alimentos, café o tabaco, los ruidos y olores intensos, el estrés y también el revivir situaciones conflictivas que se encontraban dormidas u ocultas; ejemplo de esto es la jaqueca de Enrique, que le sobrevino cuando vio a un hombre golpear en la cabeza a su hijo mientras lo reprendía: era la misma escena que él había vivido cuando su padre lo castigaba injustamente. Otras formas de jaqueca son la que se conoce como cefalea de Horton, breve y muy intensa, desencadenada por un shock emotivo; la jaqueca sexual, común en varones entre veinte y cuarenta y cinco años, que se produce durante el acto sexual; la de origen neurótico, cuya causa más frecuente son los estados depresivos, y la jaqueca posconmocional psicógena, típica de aquellos pacientes que han sufrido un accidente (asalto, caída, accidente de tráfico, etc.).

Lipotimia (PSIC)
Sensación de malestar y desvanecimiento que no conduce a la pérdida total del conocimiento. Aunque puede producirse por dolores intensos, shock por pérdida de sangre, taquiarritmias, problemas cardiovasculares u otras causas, que siempre deben descartarse, la lipotimia suele ser una reacción propia de sujetos vagotónicos frente a estímulos emocionales como el miedo, el dolor, un gran disgusto, etc.

Lupus eritematoso sistémico o lupus eritematoso diseminado (AI)
Enfermedad inflamatoria que afecta las articulaciones, los tejidos conectivos y los tendones, por lo que muchas veces se asemeja a la artritis reumatoidea (*véase*). Evoluciona por brotes y cumple con uno de los postulados de las enfermedades autoinmunes, ya que tiene en su origen un alto componente emocional, producto de un conflicto psíquico que no ha terminado de resolverse.

Menstruación, trastornos de la (PSIC)
Alteraciones que se producen dentro del ciclo menstrual o aun fuera de él: síndrome premenstrual, dismenorrea, menorragia o hipermenorrea-polimenorrea, metrorragia (hemorragia no menstrual o intermenstrual), amenorrea (ausencia de reglas). Si bien existen enfermedades que modifican la duración, la forma o la periodicidad del ciclo, las perturbaciones psíquicas y emocionales, junto con el estrés, actúan con bastante facilidad y frecuencia sobre el funcionamiento de ovarios y útero, por lo que son una primerísima causa de los trastornos de la menstruación. El eje hipotálamo-hipófisis-ovario está siempre sujeto a las influencias psíquicas.

Migraña (PSIC)

Hemicránea (dolor unilateral de la mitad de la cabeza) pulsátil que aparece precedida por un «aura» compuesta por irritación e intranquilidad manifiestas, visión borrosa o con manchas negras y susceptibilidad a olores y ruidos. Se siente como un dolor de intensidad 5 a 8 en una escala de 1 a 10, se agrava siempre con la actividad física habitual y en ocasiones se extiende a toda la cabeza. Se la ha calificado de tormentosa porque va acompañada por náuseas, vómitos, fotofobia (intolerancia a la luz), fonofobia (intolerancia a los ruidos), anorexia y malestar indefinible. Una condición para su desarrollo es la existencia del llamado «terreno migrañoso», donde se revela una personalidad con cierta rigidez, reservada, autoritaria, muy «pensante» y sexualmente no bien adaptada, lo que indicaría una vuelta hacia sí de una hostilidad dirigida probablemente hacia otra persona. Sobre este terreno, con ciertas características de hiperreactividad, inciden situaciones desencadenantes como estrés, emociones intensas reprimidas, tensiones provenientes de conflictos alejados de la conciencia, revivir situaciones conflictivas que estaban ocultas o negadas e incluso, en ciertos casos, períodos menstruales complicados. También, aunque con menor frecuencia que en la jaqueca, puede provocarla la ingesta de determinados alimentos. La migraña suele abarcar un largo tramo de la vida, de los quince a los cincuenta años. Cuando las crisis son frecuentes e intensas y ponen de relieve ese terreno psicosomático migrañoso, suele hablarse de enfermedad migrañosa.

Neuralgia (PSIC)

Dolor sin causa evidente que toma el trayecto de una fibra nerviosa importante. Existen muchos factores orgánicos capaces de provocar neuralgias: procesos inflamatorios, infecciones, malformaciones vasculares. En caso de daño a los tejidos, por lesión o por enfermedad, se produce una liberación de sustancias químicas intracelulares que inducen dolor a través de las terminaciones nerviosas. Pero también existen muchas neuralgias cuyo origen radica en situaciones de elevado estrés o bien en conflictos, ya reprimidos, ya guardados o aun negados. La neuralgia del trigémino es un «modelo» de este tipo de neuralgias.

Obesidad (PSIC)

Trastorno de la conducta alimentaria caracterizado por la ingesta excesiva de comidas altamente calóricas, que provoca un aumento del peso corporal por encima de los niveles saludables. Si bien existen causas orgánicas de la obesidad (hiperinsulinismo, enfermedad de Cushing), no es frecuente observarlas en la práctica. En la gran mayoría de los casos, la historia de los pacientes muestra factores psicológicos como determinantes de esta enfermedad. A diferencia de los bulímicos, los obesos no realizan maniobras compensatorias como vómitos, ayuno y exceso de actividad física.

Parkinson, enfermedad de (no determinada)

Enfermedad degenerativa y progresiva del sistema nervioso central, de causa desconocida, cuyos signos principales son el temblor, la rigidez y la bradicinesia (movimientos lentos). Se inicia alrededor de los cincuenta años. Existen cuatro formas clínicas de esta enfermedad: la secundaria a encefalitis, tóxicos, psicofármacos o trastornos vasculares; la familiar, muy rara; el parkinsonismo juvenil autonómico recesivo; y la enfermedad de Parkinson idiopática, que es la más común y la que incluyo en esta lista. En ella, igual que en las otras, se observan en las células nerviosas afectadas daños que llevan a una depleción (pérdida o disminución por emigración) de neurotransmisores; y, si bien las productoras de estos trastornos son las lesiones, se verifica que el origen de las lesiones tiene el sello de lo autoinmune. Un buen número de casos de enfermedad de Parkinson idiopática está ligado a una causa psíquica: a un conflicto interior de larga duración que encierra un cuadro de dolor, impotencia o rabia que el sujeto no ha podido superar ni atenuar.

Periarteritis nodosa o periarteritis nudosa (AI)
Inflamación múltiple de los tejidos que rodean las arterias pequeñas y medianas de diferentes partes del cuerpo: riñones, corazón, sistema digestivo, hígado, pulmones, músculos, nervios, etc. Por lo general es de carácter agudo y trae como consecuencia la isquemia (disminución o falta de irrigación secundaria) de los segmentos de tejidos alimentados por esas arterias. Ataca con mayor frecuencia a hombres de treinta y cinco a cuarenta y cinco años. Hoy se encuentra incluida entre las enfermedades autoinmunes y entre sus agentes se pueden reconocer, en una alta proporción, los conflictos interiores de gran importancia: traumatismos psíquicos y emocionales que no han logrado resolverse, ya sean conscientes o inconscientes.

Poliartritis crónica evolutiva
Véase Artritis reumatoidea.

Polimiositis
Véase Dermatomiositis.

Polirradiculopatía desmielinizante inflamatoria aguda
Véase Guillain Barre, síndrome de.

Psoriasis (AI)
Enfermedad de la piel de carácter crónico y recidivante que se caracteriza por pápulas (elevaciones) y placas eritematosas (rosadas) secas, que se cubren de escamas plateadas y presentan un prurito por lo general no muy intenso. Estas lesiones, de distintos tamaños (desde el de una moneda grande hasta el de cuatro o cinco monedas) y bien delimitadas, aparecen en diferentes zonas del cuerpo: manos, piernas, torso, etc. Aun cuando el factor emocional se presente como un elemento precipitante de los brotes que reactivan las lesiones, cabe pensar que este mismo factor (conflictos psíquicos y emociones) es parte de su origen; por eso es una enfermedad claramente autoinmune.

Rinitis vasomotora o rinitis no alérgica o rinitis idiopática (PSIC)
Inflamación de la mucosa nasal, con hidrorrea o goteo acuoso, estornudos, lagrimeo, picazón y otros síntomas similares a los de la rinitis alérgica o fiebre del heno, que a diferencia de ésta se presenta sin que exista un determinante alérgico (como la exposición al polen de ciertas plantas). Se da en sujetos de veinte a cuarenta años, en cualquier época del año. Se desarrolla en un terreno hiperreactivo con todas las características de la base alérgica, y puede ser producida por estados emocionales y psicológicos. Algunos investigadores hablan de emociones fuertes o intensas en su producción.

Rosácea (no determinada)
Trastorno que afecta la piel de la cara, principalmente en las mejillas y la nariz, que adquieren un color rosado o rojizo. También suele tomar la frente y la barbilla. Si bien no está considerada claramente como un padecimiento autoinmune, la vasculitis que la sustenta sí ofrece la evidencia de un mecanismo autoinmune y puede ser desencadenada por un desajuste psíquico o emocional de importancia. Los pacientes con rosácea suelen ser personas tímidas, desconfiadas y asustadizas que se sonrojan continuamente (Eric D. Wittkower, R. A. Cleghorn *et al.*, 1966, p. 246).

Síncope (PSIC)
Pérdida total y completa de la conciencia, por lo general con caída, breve y con recuperación espontánea. Su causa es una isquemia (falta de irrigación) cerebral transitoria. No debe confundirse con la lipotimia (*véase*). Si bien el síncope no es estrictamente una enfermedad psicosomática clásica o típica, su relación con el aparato cardiovascular y los problemas emocionales obliga a mencionarlo. Puede ser causado por enfermedades cardiovasculares, por hipotensión ortostática (al ponerse de pie bruscamente, sobre todo en personas mayores) o por mecanismo vasovagal. Esta última es la forma más frecuente y la que muestra su afinidad o cercanía con lo psicosomático, pues se da

en ciertas personas cuando padecen una emoción fuerte, en especial cuando ven heridos o accidentes y a veces cuando se someten a un procedimiento médico.

Tiroiditis de Hashimoto (AI)

Inflamación crónica de la glándula tiroides, que aumenta su tamaño de manera lenta y muchas veces silenciosa, y que por lo general lleva al hipotiroidismo (*véase*) con bocio. La tiroiditis de Hashimoto es de origen autoinmune y puede presentarse junto con otras enfermedades autoinmunes: artritis reumatoidea, lupus eritematoso, anemia perniciosa, etc., lo que pone en evidencia su ligazón con problemas y conflictos psíquicos y emocionales.

Trasplante, rechazo del (PSIC)

Si bien el rechazo del trasplante de órganos no es una enfermedad, se presenta como si lo fuera, y los médicos lo tratan —si es válida la comparación— igual que a una gripe con un alto grado de complicaciones. El rechazo del trasplante obedece, en primer lugar, a un rechazo de carácter «agudo» contra el órgano trasplantado, por falta de compatibilidad entre las células y tejidos del donante y del receptor. Por lo general se trata con drogas inmunosupresoras, que tienden a que el «cuerpo» del paciente pueda ir aceptando, tolerando y reconociendo el órgano recibido, cualquiera que sea éste: riñón, hígado, corazón, páncreas, pulmón (la mayor parte de los trasplantes de córnea y de cartílago y los trasplantes entre gemelos idénticos no generan rechazo). Después del período agudo suele sobrevenir lo que se llama rechazo «crónico»; en esta etapa ocurren nuevas reacciones que no están producidas solamente por nuevos antígenos, aún no descubiertos, sino que son «reacciones interiores del propio huésped ligadas a su personalidad, a sus emociones, a sus conflictos, a sus reacciones internas y a sus expectativas de vida, que se presentan y agudizan frente al trasplante» (L. García, A. Agüero, N. Cavalli y O. López Blanco, 1990). Es aquí donde el trasplante tiene una estrecha relación con el campo de lo psíquico y lo emocional, por lo cual la asistencia psicológica, si bien debería brindarse tanto al donante como al receptor, adquiere mayor importancia para este último, a fin de evitar el cuadro de rechazo «crónico» (L. García, A. Agüero, N. Cavalli y O. López Blanco, 1991, pp. 1.344-1.345).

Trastornos de la conducta alimentaria
Véanse Anorexia, Bulimia y Obesidad.

Úlcera gastroduodenal (PSIC)
Pérdida de sustancia mucosa del estómago (úlcera gástrica) o de los primeros centímetros del duodeno (úlcera duodenal), que expone a la acción de los ácidos del estómago y de la enzima pepsina la capa muscular que se encuentra por debajo. Mejor llamada enfermedad ulcerosa péptica, tiene varias causas, entre ellas la presencia de la bacteria *Helicobacter pylori*, que perturba la defensa normal de la mucosa y la torna más débil frente a la hipersecreción ácida. De todos modos, siempre que haya hipersecreción, la úlcera gastroduodenal debe ser considerada como una enfermedad psicosomática; por tanto, al tratamiento de lo orgánico habrá que sumar el tratamiento de lo psíquico, pues éste ha sido uno de los factores iniciales.

Vasculitis (PSIC-AI)
Inflamación de los vasos sanguíneos. Puede ser producida por diferentes mecanismos, entre los que aparecen con mayor frecuencia los agentes patógenos (virus, bacterias, hongos) y los mecanismos de autoinmunidad. Estos mecanismos producen una serie de enfermedades como el lupus eritematoso, la artritis reumatoidea, la poliarteritis nodosa (*véase* cada una) y muchas otras que, aun cuando toman formas clínicas diferentes, tienen el común denominador de este proceso inflamatorio vascular. La vasculitis, como reacción autoinmune, puede ser desencadenada por un desajuste psíquico y emocional serio e importante; por esto le asigno un lugar preponderante en este listado.

Vitiligo (AI)

Falta de pigmentación producida por la ausencia de melanocitos en determinadas zonas de la piel. Si bien existen varias teorías acerca de su producción, la más acertada es la teoría autoinmune, que se afirma porque suele presentarse asociado con anemia perniciosa, diabetes mellitus u otras afecciones y se confirma por las respuestas favorables logradas mediante el tratamiento con fármacos inmunosupresores. En su origen se encuentran conflictos psíquicos y emocionales de importancia.

Bibliografía

Albano, S., A. Levit y H. Gardner, *Glosario lacaniano*, Quadrata, Buenos Aires, 2006, 1ª ed., 192 pp.

Albano, Sergio, *Wittgenstein y el lenguaje*, Quadrata, Buenos Aires, 2006, 1ª ed., 160 pp.

Álvarez Dresco, Marta y Olga Sáez (trad. y síntesis), «La formación del síntoma», de Edward Glover, Cátedra de Psicopatología, Facultad de Filosofía y Letras, Universidad de Buenos Aires, Buenos Aires, 1990.

American Psychiatric Association, *DSM Breviario III Criterios diagnósticos*, trad. Manuel Valdés Miyar, Masson, Barcelona, 1983, 1ª ed., 250 pp.

Ander-Egg, Ezequiel, *Diccionario del trabajo social*, Lumen, Buenos Aires, 1995, 2ª ed., 351 pp.

Aristóteles, *De anima*, trad. Alfredo Llanos, Juárez Editor, Buenos Aires, 1969, 149 pp.

Asociación Psicoanalítica de Buenos Aires, «Clínica y técnica», *Revista de ApdeBA*, vol. III, n.º 1, Buenos Aires, 1981, 251 pp.

—, «El cuerpo. Presencia o intromisión», *Revista de APdeBA*, vol. XXII, n.º 1, Buenos Aires, 2000, 237 pp.

—, «El psicoanalista y la enfermedad corporal», *Revista de APdeBA*, vol. XV, n.º 2, Buenos Aires, 1993, 210 pp. (229-438).

—, «Trauma: nuevos desarrollos en psicoanálisis», *Revista de APdeBA*, vol. XXVII, n.º 1-2, Buenos Aires, 2005, 369 pp.

AVELLANOSA, IGNACIO, *Estrés. Normas definitivas para derrotarlo*, Susaeta Ediciones, Madrid, 1998, 128 pp.

BAIGORRIA, EMILIA, *Violencia en el lenguaje: el compromiso de la palabra*, Dunken, Buenos Aires, 2007, 1ª ed., 88 pp.

BARRIONUEVO, JOSÉ, *Drogadicción, teoría y clínica*, Gabas, Buenos Aires, 1996, 146 pp.

BARROS, MARCELO, *La pulsión de muerte, el lenguaje y el sujeto*, Ediciones El Otro, Buenos Aires, 1996, 1ª ed., 190 pp.

BARTHES, ROLAND, *El grado cero de la escritura*, trad. Nicolás Rosa, Siglo XXI Editores, Buenos Aires, 2003, 1ª ed., 248 pp.

BARYLKO, JAIME, *Vivir y pensar*, Booket, Buenos Aires, 2006, 1ª ed., 144 pp.

BASUALDO, MARÍA ANGÉLICA, «Morir para vivir: La aventura de *La pasión según G. H.* de Clarice Lispector», trabajo monográfico presentado en la cátedra de Literatura del siglo XX, Facultad de Filosofía y Letras, Universidad de Buenos Aires, Buenos Aires, 1994, 12 pp.

BEERS, MARK H. y ROBERT BERKOW (ed.), *El Manual Merck de diagnóstico y tratamiento*, trad. Diorki, Ediciones Harcourt, Madrid, 1999, 10ª ed., 2.828 pp.

BÉKEI, MARTA (comp.), *Lecturas de lo psicosomático*, Lugar Editorial, Buenos Aires, 1991, 196 pp.

BENNETT, ALAN, *Una lectora nada común*, trad. Jaime Zulaika, Anagrama, Barcelona, 2008, 119 pp.

BERGMAN, SERGIO, *Argentina ciudadana, con textos bíblicos*, Ediciones B, Buenos Aires, 2008, 1ª ed., 304 pp.

BERMANN, ANNA, *Anna de Praga*, Almagesto, Buenos Aires, 1995, 1ª ed., 243 pp.

BOCCIA, DONATO, *Medicina psicosomática y medicina del trabajo*, Alfa, Buenos Aires, 1953, 96 pp.

BONAPARTE, MARIE, *La sexualidad de la mujer*, trad. Jaume Melendres, Ediciones Península, Barcelona, 1972, 3ª ed., 209 pp.

BORDELOIS, IVONNE, *El país que nos habla*, Sudamericana, Buenos Aires, 2006, 3ª ed., 224 pp.

—, *Etimología de las pasiones*, Libros del Zorzal, Buenos Aires, 2006, 1ª ed., 200 pp.

—, *La palabra amenazada*, Libros del Zorzal, Buenos Aires, 2005, 2ª ed., 144 pp.

Boschan, Pedro J., «Aspectos contratransferenciales de la interconsulta psiquiátrica», en Asociación Psicoanalítica de Buenos Aires, «Clínica y técnica», *Revista de APdeBA*, vol. III, n.º 1, Buenos Aires, 1981, 251 pp. (253-265).

—, «El caso Joan. Análisis del caso presentado por la alumna Ruth Cristal de Burstein, Lima, Perú», en Curso de Educación a Distancia, Asociación Psicoanalítica de Buenos Aires (APdeBA), Buenos Aires, 2005.

—, «Lo psicosomático en el pensamiento francés contemporáneo», en II Jornadas de Pensamiento Psicoanalítico Francés Contemporáneo, Asociación Psicoanalítica de Buenos Aires (APdeBA), Buenos Aires, 2005, 1ª ed., 248 pp. (115-127).

—, «Pensar lo psicosomático desde el psicoanálisis», en Curso de Educación a Distancia, Asociación Psicoanalítica de Buenos Aires (APdeBA), Buenos Aires, 2005.

Bryan, Mark, Julia Cameron y Catherine Allen, *El camino del artista en acción. Libertad y creatividad en la vida laboral*, trad. Rosa Benzaguen, Editorial Troquel, Buenos Aires, 2005, 1ª ed., 273 pp.

Cabanchik, Samuel Manuel, *El abandono del mundo*, Grama Ediciones, Buenos Aires, 2006, 1ª ed., 182 pp.

—, *Introducción a la filosofía*, Gedisa, Barcelona, 2005, 1ª ed., 202 pp.

Caíno, Héctor V. y Ricardo J. Sánchez, *Semiología y orientación diagnóstica de las enfermedades cardiovasculares*, Panamericana, Buenos Aires, 1973, 1ª ed., 382 pp.

Calatroni, Marta T. de (comp.), *Pierre Marty y la psicosomática*, Amorrortu Editores, Buenos Aires, 1998, 308 pp.

Cameron, Julia, *El camino del artista. Un sendero espiritual hacia la creatividad*, trad. Alejandra Vucetich, Troquel, Buenos Aires, 1996, 1ª ed., 202 pp.

Cancina, Pura, *Fatiga crónica. Neurastenia. Las indolencias de la actualidad*, Homo Sapiens, Rosario, 2002, 1ª ed., 210 pp.

Canella, Mario F., *Orientaciones de la biología moderna*, trad. Armando Tachella Costa, Espasa-Calpe, Buenos Aires, 1940, 1ª ed., 221 pp.

Canguilhem, Georges, *Lo normal y lo patológico*, trad. Ricardo Potschart, Siglo XXI Editores, Buenos Aires, 1971, 1ª ed., 242 pp.

Carlzon, Jan, *El momento de la verdad*, Ediciones Díaz de Santos, Madrid, 1991, 157 pp.

Carpio, Adolfo P., *Principios de filosofía (Una introducción a su problemática)*, Glauco, Buenos Aires, 1974, 1ª ed., 445 pp.

Caruso, Igor, *La separación de los amantes; una fenomenología de la muerte*, trad. Armando Suárez y Rosa Tanco, Siglo XXI Editores, México D.F., 2007, 27ª ed., 313 pp.

Cauerhff, Ana y otros, *Respuesta inmune: anticuerpos, alergias, vacunas y reproducción humana*, Eudeba, Buenos Aires, 2006, 1ª ed., 148 pp.

Chauchard, Paul, *La fatiga*, Oikus-Tan Ediciones, Barcelona, 1971, 1ª ed., 124 pp.

Chiozza, Luis A., *¿Por qué enfermamos? La historia que se oculta en el cuerpo*, Alianza Editorial, Buenos Aires, 1986, 148 pp.

—, *Cuerpo, afecto y lenguaje. Psicoanálisis y enfermedad somática*, Paidós, Buenos Aires, 1976, 1ª ed., 175 pp.

Chiozza, Luis y André Green, *Diálogo psicoanalítico sobre psicosomática*, Alianza Editorial, Buenos Aires, 1998, 2ª ed., 128 pp.

Cia, Alfredo H., *Trastorno por estrés postraumático*, Imaginador, Buenos Aires, 2001, 1ª ed., 472 pp.

Cohen, Esther y Ana María Martínez de la Escalera (coord.), *Lecciones de extranjería. Una mirada a la diferencia*, Siglo XXI Editores, Buenos Aires, 2002, 1ª ed., 197 pp.

Cordón, Faustino, *Inmunidad y automultiplicación proteica*, Revista de Occidente, Instituto de Biología y Sueroterapia (IBYS), Madrid, 1954, 229 pp.

COUREL, RAÚL, *La cuestión psicosomática*, Ediciones Manantial, Buenos Aires, 1996, 189 pp.

COX, TIMOTHY M. y JOHN SINCLAIR, *Biología molecular en medicina*, trad. Jorge Horacio Negrete, Médica Panamericana, Madrid, 1998, 1ª ed., 366 pp.

CRAGNOLINI, MÓNICA B., *Nietzsche, camino y demora*, Eudeba, Buenos Aires, 1998, 1ª ed., 255 pp.

CYRULNIK, BORIS, *Del gesto a la palabra. La etología de la comunicación en los seres vivos*, trad. Marta Pino Moreno, Gedisa, Barcelona, 2004, 1ª ed., 156 pp.

DE PREE, MAX, *El auténtico liderazgo*, trad. Ariel Bignami, Javier Vergara Editor, Buenos Aires, 1993, 230 pp.

DE ROBERTIS, E. M. F. y JOSÉ HIB, *Fundamentos de biología celular y molecular de De Robertis*, El Ateneo, Buenos Aires, 1997, 3ª ed., 416 pp.

DEJOURS, CHRISTOPHE, *Investigaciones psicoanalíticas sobre el cuerpo. Supresión y subversión en psicosomática*, trad. con ayuda del Ministerio Francés de Cultura y Comunicación, Siglo XXI Editores, México D.F., 2002, 1ª ed., 159 pp.

—, «La "escogencia del órgano" en psicosomática: ¿un asunto superado?», en Maladesky, A., López, Marcela B. y López Ozores, Z. (comp.), *Psicosomática. Aportes teórico-clínicos en el siglo XXI*, Lugar Editorial, Buenos Aires, 2005, 311 pp.

DEL CASTILLO, ENRIQUE B. y PEDRO C. ROSPIDE, *Secreciones internas. Neurovegetativo*, El Ateneo, Buenos Aires, 1952, 5ª ed., 310 pp.

DELAY, JEAN, *Introducción a la medicina psicosomática*, trad. Roberto Cruz, Toray Masson, Barcelona, 1965, 116 pp.

DETHLEFSEN, THORWALD y RÜDIGER DAHLKE, *La enfermedad como camino*, trad. Ana María de la Fuente, Plaza & Janés Editores, Barcelona, 1997, 4ª ed., 320 pp.

DÍAZ, ESTHER, *Posmodernidad*, Biblos, Buenos Aires, 2005, 3ª ed., 155 pp.

DÍAZ, LUIS ÁNGEL, *La memoria en las células. Cómo sanar nuestros patrones de conducta*, Kier, Buenos Aires, 2007, 1ª ed., 192 pp.

DIEZ BENAVIDES, MARIANO, *De la emoción a la lesión*, Trillas, México D.F., 1976, 1ª ed., 141 pp.

DOR, JOËL, *Introducción a la lectura de Lacan. El inconsciente estructurado como un lenguaje*, trad. Margarita Mizraji, Celtia, Buenos Aires, 1986, 1ª ed., 238 pp.

ENGELS, FEDERICO, *Dialéctica de la naturaleza*, trad. Wenceslao Roces, Grijalbo, México D.F., 1961, 1ª ed. en castellano, 348 pp.

EVANS, DYLAN, *Diccionario introductorio de psicoanálisis lacaniano*, trad. Jorge Piatigorsky, Paidós, Buenos Aires, 2005, 1ª ed., 224 pp.

EVANS, ROBERT G., MORRIS L. BARER y THEODORE R. MARMOR, *¿Por qué alguna gente está sana y otra no?*, trad. Antonio Durán, Ediciones Díaz de Santos, Madrid, 1996, 411 pp.

EY, HENRI, PAUL BERNARD y CHARLES BRISSET, *Tratado de psiquiatría*, trad. C. Ruiz Ogara, Toray Masson, Barcelona, 1965, 946 pp.

EY, HENRI, *La conciencia*, trad. Bartolomé Garcés, Gredos, Madrid, 1967, 1ª ed., 334 pp.

FATTORUSSO, VITTORIO y OTTO RITTER, *Vademecum clínico. Del diagnóstico al tratamiento*, El Ateneo, Buenos Aires, 1998, 8ª ed., 1.636 pp.

FAUR, PATRICIA, *Amores que matan*, Ediciones B, Buenos Aires, 2007, 1ª ed., 192 pp.

FERENCZI, SANDOR, *Sin simpatía no hay curación. El diario clínico de 1932*, trad. José Luis Etcheverry, Amorrortu, Buenos Aires, 1997, 1ª ed., 293 pp.

—, *Teoría y técnica del psicoanálisis*, trad. Enrique Kennedy, Ediciones Hormé, Buenos Aires, 2001, 2ª ed., 367 pp.

FOUCAULT MICHEL, *Enfermedad mental y personalidad*, trad. Emma Kestelboim, Paidós, Buenos Aires, 1979, 2ª ed., 122 pp.

—, *Las palabras y las cosas*, trad. Elsa Cecilia Frost, Siglo XXI Editores, México D.F., 1984, 14ª ed., 375 pp.

FOUGEREAU, MICHEL, *La inmunología*, Fondo de Cultura Económica, México D.F., 1984, 138 pp.

FRANKL, VICTOR E., *El hombre en busca de sentido*, trad. Diorki, Editorial Herder, Barcelona, 1979, 190 pp.

FRENCH, ANDERSON W. y ELAINE G. DIACUMAKOS, «Ingeniería genética en células de mamífero», en *Investigación y Ciencia*, septiembre de 1981.

FRENCH, THOMAS A. y FRANZ ALEXANDER, *Psicología y asma bronquial*, trad. Arnaldo Rascovsky, Ediciones Hormé, Buenos Aires, 1966, 189 pp.

FREUD, SIGMUND, *Obras completas*, trad. Luis López-Ballesteros y de Torres, Losada, Buenos Aires, 1997, 3.656 pp. en 26 t.

FURST, SYDNEY S. *et al.*, *El trauma psíquico*, trad. Jorge L. García Venturini, Troquel, Buenos Aires, 1971, 273 pp.

GAITÁN, VÍCTOR, *El libro completo de la diabetes*, Diana, México D.F., 1995, 1ª ed., 175 pp.

GARBER, ISRAEL LERMAN, *Aprenda a vivir con diabetes. Guía práctica para el manejo de la diabetes*, Multicolor, México D.F., 1999, 163 pp.

GARCÍA, L., A. AGÜERO, N. CAVALLI y O. LÓPEZ BLANCO, «Kidney Transplantation: Absolute and Relative Psychological Contraindications», en *Transplantation Proceedings*, vol. XXIII, n.º 1, febrero de 1991.

—, «Trasplante renal. Metodología de estudio a receptor y donante. Contraindicaciones absolutas y relativas en el proceso de donación de órganos», en VII Congreso Argentino de Nefrología, Rosario, mayo de 1990.

GOLDSTEIN, BEATRIZ y CLAUDIO GLEJER, *Genes «egoístas» y ambientes «solidarios». Genética y ambiente*, Oficina de Publicaciones del CBC, Universidad de Buenos Aires, Buenos Aires, 1998, 1ª ed., 62 pp.

GÓMEZ, ANA MARÍA, *La voz, ese instrumento...*, Gedisa, Barcelona, 1999, 1ª ed., 215 pp.

GÓMEZ, GERMÁN RAFAEL, *Lectoescritura inicial. Un enfoque piagetiano*, Plus Ultra, Buenos Aires, 1979, 166 pp.

GREEN, ANDRÉ y otros, *La pulsión de muerte*, trad. Silvia Bleichmar, Buenos Aires, Amorrortu Editores, 1991, 1ª ed. 127 pp.

GUILLAUME, A. C., *El simpático y los sistemas asociados*, trad. Pedro Gómez Martí, Pubul, Barcelona, 1923, 389 pp.

GUILLAUME, PAUL, *Manual de psicología*, trad. Miguel Murmis, Paidós, Buenos Aires, 1979, 359 pp.

GUITER, MARCOS, *Introducción al psicoanálisis*, La Colmena, Buenos Aires, 2002, 1ª ed., 220 pp.

GUSDORF, GEORGES, *La palabra*, trad. Horacio Crespo, Galatea/Nueva Visión, Buenos Aires, 1957, 106 pp.

HYMAN, STEVEN E. y MICHAEL A. JENIKE, *Manual de problemas clínicos en psiquiatría*, trad. Jorge Vigil Rubio, Ediciones Científicas y Técnicas, Barcelona, 1992, 291 pp.

JAIM ETCHEVERRY, GUILLERMO, *La tragedia educativa*, Fondo de Cultura Económica, Buenos Aires, 1999, 1ª ed., 231 pp.

JENNINGS, H. S., *Genética*, trad. Fernando Durán, Espasa-Calpe, Madrid, 1941, 1ª ed., 336 pp.

JULIÁ, VICTORIA E. y col., *La tragedia griega*, Plus Ultra, Buenos Aires, 1993, 1ª ed., 156 pp.

JULLIEN, JEAN L., *Hipertensos y cardíacos*, trad. Javier Rey del Castillo, Ediciones Generales Anaya, Madrid, 1982, 192 pp.

KAMINKER, PATRICIA, «Epigenética, ciencia de la adaptación biológica heredable», Archivos Argentinos de Pediatría, vol. 105 (6), Buenos Aires, 2007, 96 pp. (481-576).

KARDONG, KENNETH V., *Vertebrados. Anatomía comparada, función, evolución*, trad. de VV.AA. (Departamento de Biología Animal I de la Universidad Complutense de Madrid), McGraw-Hill Interamericana de España, Madrid, 1999, 732 pp.

KATZ, MÓNICA, *No dieta: puentes entre la alimentación y el placer*, Libros del Zorzal, Buenos Aires, 2008, 1ª ed., 222 pp.

KREISLER, LEÓN, *El niño psicosomático*, trad. Alberto Ardaiz, Huemul, Buenos Aires, 1977, 150 pp.

KUHN, THOMAS S., *La estructura de las revoluciones científicas*, trad.

Agustín Contin, Fondo de Cultura Económica, México D.F., 1971, 1ª ed., 319 pp.

LACAN, JACQUES, *Escritos 1*, trad. Tomás Segovia, Siglo XXI Editores, Buenos Aires, 2007, 2ª ed., 496 pp.

LANGER, SUSANNE K., *Nueva clave de la filosofía. Un estudio acerca del simbolismo de la razón, del rito y del arte*, trad. Jaime Rest y Virginia M. Erhart, Sur, Buenos Aires, 1958, 334 pp.

LAPLANCHE, JEAN y JEAN BAPTISTE PONTALIS, *Diccionario de psicoanálisis*, trad. Fernando Cervantes Gimeno, Labor, Barcelona, 1971, 1ª ed., 545 pp.

LIBERMAN, DAVID *et al.*, *Del cuerpo al símbolo*, Trieb, Buenos Aires, 1986, 2ª ed., 502 pp.

LISPECTOR, CLARICE, *La pasión según G. H.*, trad. Alberto Villalba, Ediciones Península, Barcelona, 1988, 157 pp.

LÓPEZ BLANCO, ALICIA, *¿Por qué nos enfermamos? Guía holística para vivir mejor*, Paidós, Buenos Aires, 2008, 1ª ed., 224 pp.

LOUIS, JEAN-MARC, *La angustia*, trad. Cristina Sardoy, Atlántida, Buenos Aires, 1987, 1ª ed., 128 pp.

LUCRECIO, *De la naturaleza*, trad. Eduard Valentí Fiol, Bosch Casa Editorial, Barcelona, 1985, 601 pp.

MALADESKY, ALFREDO, B. MARCELA LÓPEZ y ZULEMA LÓPEZ OZORES (comp.), *Psicosomática. Aportes teórico-clínicos en el siglo XXI*, Lugar Editorial, Buenos Aires, 2005, 1ª ed., 312 pp.

MARTY, PIERRE, MICHEL DE M'UZAN y CHRISTIAN DAVID, *La investigación psicosomática*, trad. P. Folch Maten y Terttu E. de Folch, Luis Miracle, Barcelona, 1967, 1ª ed., 327 pp.

MAS DE AYALA, ISIDRO, *Psiquis y soma en las enfermedades. Medicina psicosomática y somatopsíquica*, El Ateneo, Buenos Aires, 1950, 2ª ed., 255 pp.

MAY, ROLLO, *Fuentes de la violencia*, trad. Marta Isabel Guastavino, Emecé Editores, Buenos Aires, 1974, 290 pp.

MERLEAU-PONTY, MAURICE, *Fenomenología de la percepción*, trad. Jem Cabanes, Ediciones Península, Barcelona, 1994, 3ª ed., 469 pp.

—, *La estructura del comportamiento*, trad. Enrique Alonso, Hachette, Buenos Aires, 1953, 3ª ed., 316 pp.

MILLAR, ALICE, *El cuerpo nunca miente*, trad. Marta Torrent López de Lamadrid, Tusquets Editores, Barcelona, 2005, 1ª ed., 207 pp.

MILMANIENE, JOSÉ, *El tiempo del sujeto*, Biblos, Buenos Aires, 2005, 1ª ed., 156 pp.

MIRA Y LÓPEZ, EMILIO, *Cuatro gigantes del alma: el miedo, la ira, el amor, el deber*, El Ateneo, Buenos Aires, 1975, 8ª ed., 245 pp.

MONOD, JACQUES, *El azar y la necesidad. Ensayo sobre la filosofía natural de la biología moderna*, trad. Francisco Ferrer Lerin, Tusquets Editores, Barcelona, 1993, 5ª ed., 194 pp.

MORRIS, DAVID B., *La cultura del dolor*, trad. Óscar Luis Molina, Andrés Bello, Santiago de Chile, 1994, 2ª ed., 392 pp.

MUSEO ESTATAL JUDÍO DE PRAGA, *Aquí no vuelan las mariposas. Dibujos y poemas infantiles. Terezin 1942-1944*, trad. Vladimir Landovsky, Proyectos Editoriales, Buenos Aires, 1988, 111 pp.

NANCY, JEAN-LUC, *58 indicios sobre el cuerpo, extensión del alma*, trad. Daniel Álvaro, Ediciones La Cobra, Buenos Aires, 1ª ed., 2007, 68 pp.

NASIO, JUAN DAVID, *Cinco lecciones sobre la teoría de Jacques Lacan*, trad. Graciela Klein, Gedisa, Barcelona, 1995, 2ª ed., 211 pp.

—, *El libro del dolor y del amor*, trad. Viviana Ackerman, Editorial Gedisa, Barcelona, 1998, 253 pp.

—, *Los gritos del cuerpo*, trad. Jorge A. Balmaceda y Sergio Rocchietti, Paidós, Buenos Aires, 1996, 1ª ed., 185 pp.

—, *Mi cuerpo y sus imágenes*, trad. Alcira Bixio, Paidós, Buenos Aires, 2008, 1ª ed., 176 pp.

NESSE, RANDOLPH M. y GEORGE C. WILLIAMS, *¿Por qué enfermamos?*, trad. Francisco Ramos, Grijalbo, Barcelona, 2000, 1ª ed., 344 pp.

NIZAN, PABLO, *Los materialistas de la Antigüedad*, Hemisferio, Buenos Aires, 1950, 127 pp.

OBERLING, CHARLES, *El cáncer*, trad. Armando A. Pellegrino de Iraldi, Eudeba, Buenos Aires, 1968, 2ª ed., 300 pp.

Palcos, Alberto, *Los fundamentos de las emociones*, Americalee, Buenos Aires, 1943, 216 pp.

Parfait, Blanca H., *Hombres e ideas*, Tekné, Buenos Aires, 1996, 233 pp.

—, *Los templos de Occidente. Mito, arte y filosofía*, Ediciones Ediros, Buenos Aires, 2003, 204 pp.

Pérez Urdaniz, Antonio, «Síndrome de desgaste profesional o burn out en médicos y personal sanitario», en Sociedad Iberoamericana de Información Científica, vol. VII, n.º 2, noviembre de 2000.

Pfeiffer, María L., «Desafío y enigma: la corporalidad», en Sociedad Filosófica de Buenos Aires (SOFIBA), *La filosofía en los laberintos del presente*, Biblos, Buenos Aires, 1995, 241 pp.

—, «Tiempo objetivo, tiempo subjetivo, tiempo trascendental. Tres condiciones acerca de la temporalidad», en Rovaletti, María Lucrecia (ed.), *Temporalidad. El problema del tiempo en el pensamiento actual*, Lugar Editorial, Buenos Aires, 1998, 314 pp. (45-57).

Popper, Karl R., *Búsqueda sin término. Una autobiografía intelectual*, trad. Carmen García Trevijano, Tecnos, Madrid, 2002, 3ª ed., 287 pp.

Prenant, Marcel, *Biología y marxismo*, trad. Adolfo Lertora, Problemas, Buenos Aires, 1947, 1ª ed., 229 pp.

Rino, José B., *Renacimiento de la medicina hipocrática*, El Ateneo, Buenos Aires, 1949, 251 pp.

Rovaletti, María Lucrecia (ed.), *Temporalidad. El problema del tiempo en el pensamiento actual*, Lugar Editorial, Buenos Aires, 1998, 314 pp.

— (ed.), *La problemática del cuerpo en el pensamiento actual*, Oficina de Publicaciones del CBC, Universidad de Buenos Aires, Buenos Aires, 1996, 424 pp.

Rubin de Goldman, Bejla, *Holocausto, ciencia y psicoanálisis. Un nuevo nudo*, Lectour, Buenos Aires, 2001, 1ª ed., 142 pp.

—, *Nuevos nombres del trauma: totalitarismo, shoah, globalización, fundamentalismo*, Libros del Zorzal, Buenos Aires, 2003, 1ª ed., 192 pp.

SALVAT, MANUEL, *El cáncer*, Salvat Editores, Barcelona, 1973, 143 pp.

SAMI-ALI, *Pensar lo somático. El imaginario y la patología*, trad. Viviana Ackerman, Paidós, Buenos Aires, 1994, 1ª ed., 199 pp.

SARTRE, JEAN PAUL, *Esbozo de una teoría de las emociones*, trad. Irma B. Bocchino de González, Facultad de Filosofía y Humanidades, Universidad Nacional de Córdoba, Buenos Aires, 1959, 87 pp.

SCHAVELZON, José *et al.*, *Cáncer. Aporte a su problemática*, Paidós, Buenos Aires, 1968, 271 pp.

SCHERRER, JEAN, *La fatiga*, Paidotribo, Barcelona, 1991, 152 pp.

SCHÜTZENBERGER, ANNE ANCELIN y JEUFROY EVELYNE BISSONE, *Salir del duelo*, trad. Paula Mahler, Taurus, Buenos Aires, 2007, 1ª ed., 143 pp.

SELYE, HANS, *La tensión en la vida (el stress)*, trad. Jorge Curutchet, Compañía General Fabril Editora, Buenos Aires, 1964, 2ª ed., 338 pp.

—, *Tensión sin angustia*, trad. Guillermo Solana Alonso, Ediciones Guadarrama, Madrid, 1975, 156 pp.

SILLAMY, NORBERT, *Diccionario de la psicología*, trad. J. Ferre Alen, Larousse, Barcelona, 1969, 1ª ed., 344 pp.

SIVAK, ROBERTO E., «Corporalidad y psicosomática. Alexitimia y categorías fenomenológicas», en Rovaletti, María Lucrecia, *La problemática del cuerpo en el pensamiento actual*, Oficina de Publicaciones del CBC, Universidad de Buenos Aires, Buenos Aires, 1996, 424 pp.

SOLARI, ALBERTO JUAN, *Genética humana. Fundamentos y aplicaciones en medicina*, Editorial Médica Panamericana, Madrid, 2000, 2ª ed., 370 pp.

SOLER, COLETTE, *La repetición en la experiencia analítica*, trad. Horacio Pons, Manantial, Buenos Aires, 2004, 1ª ed., 184 pp.

SONTAG, SUSAN, *La enfermedad y sus metáforas*, trad. Mario Muchnik, Muchnik Editores, Barcelona, 1980, 2ª ed., 131 pp.

SPERLING, DIANA, *Del deseo: tratado erótico-político*, Biblos, Buenos Aires, 2001, 1ª ed., 225 pp.

—, *Genealogía del odio*, Altamira, Buenos Aires, 2007, 2ª ed., 192 pp.

TALLAFERRO, ALBERTO, *Curso básico de psicoanálisis*, Valerio Abeledo e Hijos, Buenos Aires, 1957, 1ª ed., 328 pp.

TAMBA-MECZ, IRÈNE, *La semántica*, trad. Emma Jiménez, Fondo de Cultura Económica, México D.F., 2004, 1ª ed., 160 pp.

THOMAS, LEWIS, *Las vidas de la célula*, trad. Jorge Blaquier y María J. Soberano, Ultramar Editores, Barcelona, 1990, 2ª ed., 191 pp.

THOMAS, PIERRE, ALAIN PESCE y HILL-PATRICE CASSUTO, *ABC de Enfermedad de Alzheimer*, trad. con ayuda del Ministerio de Cultura Francés, Masson, Barcelona, 1990, 1ª ed., 99 pp.

TUBERT, SILVIA, *Malestar en la palabra. El pensamiento crítico de Freud y la Viena de su tiempo*, Biblioteca Nueva, Madrid, 1999, 332 pp.

UNGER, EUGENIA, *Holocausto. Lo que el tiempo no borró*, Distal, Buenos Aires, 2007, 1ª ed., 210 pp.

URSZTEIN, ETKA, *Un dolor menor es contar la verdad. La historia de Etka después del horror de la shoá*, Etka Ursztein, Buenos Aires, 2006, 1ª ed., 132 pp.

VALLS, JOSÉ LUIS, *Diccionario Freudiano*, Gaby Ediciones, Buenos Aires, 2008, 1ª ed., 696 pp.

VATTIMO, GIANNI, *Introducción a Nietzsche*, trad. Jorge Binaghi, Ediciones Península, Barcelona, 1990, 2ª ed., 219 pp.

VAUGHAN, WARREN T., *Una enfermedad singular. La historia de la alergia*, trad. Raquel y Nelly Navarro Viola, Sudamericana, Buenos Aires, 1942, 336 pp.

VIDAL, GUILLERMO, BLEICHMAR, HUGO y RAÚL J. USANDIVARAS, *Enciclopedia de psiquiatría*, El Ateneo, Buenos Aires, 1977, 721 pp.

VOLMER, MARÍA CRISTINA, *Bases de psiconeuroinmunoendocrinología*, Graciela Salerno, Buenos Aires, 2000, 175 pp.

WEIZSÄCKER, VIKTOR VON, *El hombre enfermo. Una introducción a la antropología médica*, trad. Víctor Sehola y Dr. J. Soler Enrich, Luis Miracle Editor, Barcelona, 1956, 1ª ed., 342 pp.

—, *Patosofía*, trad. Borrit Busch, Libros del Zorzal, Buenos Aires, 2005, 1ª ed., 368 pp.

WIESEL, ELIE, *El olvidado*, trad. Enrique Sordo, Edhasa, Barcelona, 1994, 326 pp.

WIESENTHAL, SIMON, *Los límites del perdón. Dilemas éticos y racionales de una decisión*, trad. Carlos Ossés Torrón, Paidós, Barcelona, 1998, 1ª ed., 203 pp.

WITTKOWER, ERIC D., CLEGHORN, R. A. y col., *Progresos en medicina psicosomática*, trad. Francisco Osorio, Eudeba, Buenos Aires, 1966, 1ª ed., 483 pp.

WOLF, WERNER, *Introducción a la psicología*, trad. Federico Pascual del Roncal, Fondo de Cultura Económica, México D.F., 1953, 1ª ed., 367 pp.